MICHEL ONFRAY

FILOSOFIA DEL VIAGGIO

Poetica della geografia

traduzione di Luigi Toni

PONTE ALLE GRAZIE

Titolo originale:
Théorie du voyage: poétique de la géographie

Il nostro indirizzo Internet è:
www.ponteallegrazie.it

Ponte alle Grazie è un marchio
di Adriano Salani Editore S.p.A.
Gruppo editoriale Mauri Spagnol

ISBN 978-88-6220-094-3

Intrada

Volere il viaggio

All'inizio, molto prima di qualsiasi atto, iniziativa o risoluta volontà di viaggiare, il corpo lavora, alla maniera dei metalli sotto la morsa del sole. Nell'evidenza degli elementi, si muove, si dilata, si tende, si distende e modifica i propri volumi. Ogni genealogia si perde nelle acque tiepide di un liquido amniotico, quel bagno stellare primordiale dove scintillano le stelle con le quali, più tardi, si creano mappe del cielo e poi topografie luminose dove si indica e si localizza la stella del pastore (che fu mio padre a farmi conoscere per primo) tra le diverse costellazioni. Il desiderio del viaggio trova confusamente origine in quest'acqua lustrale, tiepida, si nutre bizzarramente di questa coltre metafisica e di questa ontologia germinativa. Si diventa nomadi impenitenti soltanto se iniziati nella propria carne fin dalle ore del ventre materno, arrotondato come un globo o un mappamondo. Il resto dispiega una pergamena già scritta.

Più tardi, molto più tardi, ognuno si scopre nomade o sedentario, amante dei flussi, dei trasporti, degli spostamenti, o appassionato di staticità, di immobilismo e di radici. Senza saperlo, alcuni obbediscono a dei tropismi imperiosi, subiscono i campi magnetici iperborei o settentrionali, precipitano a levante, per poi rovesciarsi a ponente; certo, si sanno mortali, ma si sperimentano come frammenti di eternità destinati a muoversi su un pianeta finito: vivono in modo simile l'energia che li agita e quella che anima il resto del mondo; allo stesso modo ciechi, altri provano il desiderio di radicamento, conoscono i piaceri del locale e la diffidenza nei confronti del globale. I primi amano la strada, lunga e interminabile, sinuosa e zigzagante, i secondi gioiscono della tana, buia e profonda, umida e misteriosa. Questi due principi esistono meno allo stato puro, in foggia di archetipi, di quanto non sussistano come elementi indiscernibili nel particolare di ogni individualità.

Per raffigurare questi due modi di essere al mondo, il racconto genealogico e mitologico ha creato il pastore e il contadino. Questi due mondi si pongono e si oppongono. Col passare del tempo, diventano pretesto teorico per due poste in gioco: metafisiche, ideologiche, quindi politiche. Cosmopolitismo dei viaggiatori nomadi contro nazionalismo dei contadini sedentari, l'opposizione agita la storia dal neolitico fino alle forme più attuali dell'imperialismo. E adesso ossessiona ancora le coscienze, nell'orizzonte immediato del progetto europeo o, più lontano, ma in maniera altrettanto sicura, di uno Stato universale.

I pastori percorrono vaste distese, fanno pascolare le greggi senza preoccupazioni di ordine politico o sociale: l'organizzazione comunitaria tribale presuppone alcune regole, certo, ma le più semplici possibili; i contadini si insediano, costruiscono, erigono ed edificano villaggi, città, inventano la società, la politica, lo Stato, dunque la Legge, il Diritto che sorregge un uso interessato di Dio, passando per la religione. Compaiono le chiese, le cattedrali e i campanili indispensabili per scandire i tempi del lavoro, della preghiera e il tempo libero. Allora può nascere il capitalismo e con esso può spuntare la prigione. Tutto ciò che rifiuta questo nuovo ordine contesta il sociale: il nomade inquieta i poteri, diviene l'incontrollabile, l'elettrone libero impossibile da seguire, dunque da fissare, da delimitare.

L'Antico testamento non ha dimenticato questa posta in gioco. Andiamo a rileggere le pagine inaugurali della Genesi dove si possono incontrare Caino e Abele, due fratelli destinati alla tragedia, votati alla maledizione. Conosciamo più o meno la storia del fratricidio o del primo omicidio. Molto più raramente ci ricordiamo del mestiere dei due protagonisti: il pastore allevatore e il contadino coltivatore, l'uomo che si sposta insieme alle pecore contro l'uomo che resta sul campo. I viandanti, i vagabondi, i girovaghi, quelli che camminano, che corrono, che viaggiano, che deambulano, che perdono tempo, che passeggiano, che gironzolano, prima, di nuovo e sempre, in opposizione a coloro che sono radicati, immobili, impietriti, come statue. L'acqua dei ruscelli, fluente e inafferrabile, vivente, contro la mineralità delle pietre morte. Il fiume, l'albero.

L'agricoltore quindi uccide il pastore, e il contadino assassina il capraio. Le ragioni? L'amore di Dio dimostrato in modo più netto nei confronti della vittima futura. Al fine di onorare il Creatore, Abele offre i primogeniti del suo gregge, e del grasso, mentre Caino offre i frutti del suo lavoro agricolo. E, sembrerebbe, l'Onnipotente accorda più attenzione al pastore. Ne ignoriamo il perché. Geloso, il contadino si avventa sul fratello e lo uccide. Dio maledice Caino e lo punisce condannandolo a errare. Genesi dell'erranza: la maledizione; genealogia dell'eterno viaggio: l'espiazione. Da qui, l'anteriorità di una colpa appesa sempre all'essere come un'ombra funesta. Il viaggiatore deriva dalla razza di Caino cara a Baudelaire.

Si narra che quando, alcuni secoli dopo, un nazareno dalla parlantina sciolta intraprese la salita al Golgota per esservi crocifisso tra due ladroni (ma il Nuovo testamento passa questo argomento sotto silenzio), un individuo senza nome, innominato e prossimo a divenire innominabile, abbia rifiutato di dar da bere all'uomo in cammino verso la crocifissione. Per questa ragione, il ladro che non offrì un sorso d'acqua all'assetato fu lui stesso dannato e condannato alla maledizione, e poi all'erranza per secoli e secoli. Si trattava dell'ebreo che dà origine all'Ebreo errante, destinato per l'eternità a camminare, maledetto, al fianco di Caino.

Il contadino fratricida e l'ebreo egocentrico ricordano che la condanna alla mancanza di fissa dimora accompagna la colpa, il peccato e l'errore. Da allora, associamo il viaggio senza ritorno alla volontà punitiva di Dio.

L'assenza di dimora, di terra, di suolo presuppone, a monte, un gesto fuori posto, una pena arrecata a Dio. Da secoli, questo schema impregna l'anima degli uomini: gli ebrei, gli zigani, i romanićel, i gitani, i boemi,[1] gli zingari e tutti i popoli viaggiatori sanno che tutti noi, un giorno o l'altro, li abbiamo voluti costringere alla sedentarietà, quando non abbiamo negato loro il diritto stesso di esistere. Il viaggiatore non piace al Dio dei cristiani, e indispone allo stesso modo i principi, i re, i potenti desiderosi di realizzare la comunità, da cui fuggono sempre i vagabondi impenitenti, asociali e inaccessibili ai gruppi radicati.

Tutte le ideologie dominanti esercitano il controllo, il dominio, addirittura la violenza verso il nomade. Gli imperi si costruiscono sempre sull'annullamento delle figure erranti o dei popoli nomadi. Il nazionalsocialismo tedesco ha esaltato la razza ariana sedentaria, radicata, stabile e nazionale, designando al tempo stesso i suoi nemici: gli ebrei e gli zigani nomadi, senza radici, itineranti e cosmopoliti, senza patria, senza terra. Lo stalinismo russo ha agito allo stesso modo, perseguitando a sua volta i semiti e i popoli di pastori delle repubbliche caucasiche o della Siberia meridionale.

Il pétainismo francese ha prescelto le stesse vittime sacrificali, continuando a esaltare i sedentari regionali, locali, patrioti, nazionalisti, le genti del posto, i prodotti gallici. Che colpa si rimproverava a queste figure designate? Di essere inassimilabili all'interno della comunità, irriducibili, impossibili da dominare e dirigere. La loro punizione? Il campo, l'obbligo di domicilio coatto, il confino in

[1] In Francia, era credenza diffusa che i gitani o gli zingari provenissero dalla regione della Boemia, da cui il termine *bohémien*, che passò presto, con accezione spregiativa, a indicare anche gli artisti che frequentavano alcuni quartieri delle città (*N.d.T.*).

recinti da bestiame, chiusi dal filo spinato, poi la distruzione, le camere a gas, come fossero degli animali nocivi. Il capitalismo odierno condanna ugualmente all'erranza, all'assenza di dimora o alla disoccupazione gli individui che rigetta e maledice. Il loro crimine? Essere inassimilabili dal mercato, la patria degli affaristi. Il loro castigo? I ponti, la strada, i marciapiedi, le stazioni della metropolitana, i sotterranei, le stazioni, le panchine. Lo svilimento dei corpi e l'impossibilità di un rifugio, di un riposo.

Il viaggiatore riunisce in sé questi tropismi millenari: il gusto per il movimento, la passione per il cambiamento, il forsennato desiderio di mobilità, la viscerale incapacità di inserirsi in una comunione gregaria, la violenta pulsione all'indipendenza, il culto della libertà e la passione per l'improvvisazione delle minime azioni e dei fatti che lo riguardano, ama il proprio capriccio più di quello della società in cui si forma come uno straniero, ha a cuore la propria autonomia, posta nettamente al di sopra del benessere della città in cui abita come attore di un'opera di cui non disconosce affatto la natura farsesca. Lontano dalle ideologie del borgo natio e della terra, del suolo della nazione e del sangue della razza, l'errante coltiva il paradosso della forte individualità e non ignora che lì si gioca l'opposizione ribelle e gioiosa alle leggi della collettività. Zarathustra, che odia le città e la «Vacca pezzata», ne rappresenta il nume tutelare.

Viaggiare presuppone quindi il rifiuto di utilizzare il tempo lavorativo della civiltà a vantaggio del piacere inventivo e gioioso. L'arte del viaggio induce un'etica ludica, una dichiarazione di guerra alla quadrettatura e al cronometraggio dell'esistenza. La città obbliga alla sedentarietà leggibile grazie a un'ascissa spaziale e a un'ordinata temporale: essere sempre in un luogo determinato, in un momento preciso. In questo modo, l'individuo viene facilmente controllato e localizzato da un'autorità. Quanto al nomade, egli rifiuta questa logica che permette di trasformare il tempo in denaro e l'energia del singolo, che è il solo bene di cui disponiamo, in moneta sonante.

Partire, seguire le orme dei pastori, significa sperimentare un genere di panteismo estremamente pagano e ritrovare la traccia di antiche divinità (divinità dei crocevia e della fortuna, del fato e dell'ebbrezza, della fecondità e della gioia, divinità delle strade e della comunicazione, della natura e della fatalità) e tagliare i ponti con le pastoie e le servitù della vita moderna. La scelta dell'intero pianeta come proprio periplo equivale alla condanna di ciò che delimita e assoggetta: il Lavoro, la Famiglia e la Patria, almeno per gli impedimenti più visibili, più identificabili.

Il viaggiatore, come una monade autosufficiente, ricusa il tempo sociale, collettivo e stringente, a vantaggio di un tempo individuale fatto di durate soggettive e istanti gioiosi voluti e desiderati. Asociale, misantropo, irrecuperabile, il nomade ignora la misura del tempo e funziona con il sole e le stelle, si istruisce con le costellazioni e il movimento degli astri nel cielo, non possiede orologi, ma un occhio animale esercitato a distinguere le albe, le aurore, le tempeste, le schiarite, i crepuscoli, le eclissi, le comete, gli scintillii stellari, sa leggere la materia delle nuvole e decifrare le loro promesse, interpreta i venti e conosce le loro abitudini. Il capriccio governa i suoi progetti in relazione ai ritmi della natura. Lui e il suo impiego del mondo, non conta nient'altro. Ecco perché discende dagli esiliati e dai reietti. Quando si mette in strada, il nomade obbedisce a una forza che, sorta dal suo ventre e dal profondo del suo inconscio, lo porta in cammino, gli dà l'impulso e gli dischiude il mondo come un frutto esotico, raro e dispendioso. Egli realizza il proprio destino fin dai primi passi. Sulle piste e sui sentieri, nelle steppe e nei deserti, nelle strade delle megalopoli o nella desolazione delle pampas, nell'oscurità profonda o nell'aria attraversata da correnti invisibili, sa che l'appuntamento con la sua ombra è inevitabile. Non ha scelta.

PRIMA

Scegliere una destinazione

A colpo d'occhio, sul planisfero, non si colgono bene le distanze. La riduzione in scala ha un significato chiaro e distinto solo per gli acrobati dell'aritmetica o per i superdotati del calcolo. Mi fa pensare al chiliogono cartesiano: concepibile mentalmente nella sua interezza, certo, ma mai nel particolare. Da un punto di vista speculativo, posso concepire un poligono di mille lati, ma non posso vedere tutte le sue facce. Allo stesso modo, riesco a farmi un'idea chiara della distanza da capo Horn e dallo stretto di Bering, o del significato di un giro intorno al mondo, ma come posso non constatare che, in geografia, ci imbattiamo nelle difficoltà tradizionalmente riservate alla teologia per la questione dei nomi di Dio? In che modo possiamo dire il mondo con una mappa che si accontenta di rappresentarlo e ridurlo a convenzioni concettuali?

Ci troviamo immediatamente di fronte a uno strano paradosso: è il planisfero che appare minuscolo e il mondo vasto, o è vero l'inverso, ed è il planisfero che appare vasto mentre il mondo è minuscolo? Perché, confidando nella modernità dei trasporti, ogni luogo può essere ormai raggiunto in tempi molto decorosi, nonostante la sua natura e distanza. I luoghi anticamente più remoti (l'India di Marco Polo, l'Africa di René Caillié, l'Oriente di Nerval, l'Oceania di Bougainville) oggi possono essere raggiunti per vie d'accesso tracciate su mappe ormai definitivamente prive di chiazze bianche. Qualsiasi destinazione è diventata accessibile: è solo questione di tempo. In questo campo del possibile, come scegliere un luogo? E quale? A quale rinunciare? E per quali ragioni? Tra le combinazioni pensabili, quali prediligere, e perché?

Anche qui è necessario il determinismo genealogico. Non scegliamo affatto i luoghi da noi prediletti, ma siamo da loro convocati. Nella terminologia elementare dei filosofi presocratici, ognuno può scoprire di possedere una passione per l'acqua, la terra o l'aria: il fuoco che scorre nel corpo stesso del viaggiatore. I nomadi irrequieti partono da un elemento che li riunisce, li contiene, li anima e federa i loro entusiasmi: il mare e i flutti per i navigatori, i monti e i sentieri per i camminatori, l'etere e l'azzurro per gli aviatori, questi tre punti cardinali orientano un movimento sul globo in rotazione sotto le dita o su mappe percorse nell'insieme e scrutate nel dettaglio.

Soltanto dopo, si delineano le combinazioni tra gli elementi: l'uno va alla ricerca dell'acqua gelida dell'Artico, l'altro degli atolli e delle correnti calde del Pacifico; qui si vagheggiano le terre grasse, tiepide e umide della foresta tropicale, là si anela a suoli riarsi e calcinati del deserto sahariano; l'appassionato d'aria gelida delle vette himalayane non si entusiasma per i paesaggi degli impetuosi monsoni asiatici e per i blu e gli ocra del figlio viscerale del Mediterraneo. Ogni corpo aspira a ritrovare l'elemento nel quale si sente più a suo agio, e che un tempo, nelle ore placentari o in quelle appena dopo la nascita, gli procurò sensazioni e piaceri confusi, ma indimenticabili. Esiste da sempre una geografia che corrisponde a un temperamento. Non resta che trovarla.

Una parola, un nome, un luogo, un punto leggibili sulla mappa catturano allora l'attenzione. Un paese, un corso d'acqua, una montagna, un vulcano, un continente, un'isola o una città. L'indistinto, il viscerale si ritrovano in un'emozione che balena improvvisa con un nome sedimentato nella memoria: andare in Tibet, vedere il fiume Amur, inerpicarsi sul monte Fuji, scalare l'Etna, farsi strada sulle colline del Ngong, nuotare nell'oceano Pacifico, approdare a Guernsey, visitare Addis Abeba, camminare nelle strade di Cirene, navigare nella baia di Ha Long. Ognuno dispone di una remota mitologia fabbricata con letture d'infanzia, ricordi di famiglia, film, foto, immagini scolastiche memorizzate su una mappa del mondo in un giorno di malinconia in fondo alla classe. Dopo si passa all'atto per realizzare il proprio sogno prima di morire: sostare in silenzio nel punto in cui Oriente e Occidente si congiungono, nello stretto del Bosforo, segnare una battuta d'arresto all'apparire di una pista africana in laterite rossa, sentirsi frastornati in una strada di New York dinanzi ai getti di vapore emessi dalle bocche di scarico, trattenere il respiro sorvolando le lagune dell'oceano Indiano, sentir battere il cuore mentre si oltrepassa l'Equatore o il tropico del Capricorno, fremere per l'emozione al di là del Circolo polare artico.

Sognare una destinazione significa obbedire all'imperativo che parla, in noi, con voce straniera. Perché una sorta di demone socratico incarna e traccia al nostro posto questa scintilla che calcina l'incerto, l'impreciso o il vago nell'intimità della coscienza. Allo stesso modo in cui il filosofo di Atene si abbandonava a questa parola demiurgica, noi lasceremo la scelta di un luogo, la scelta di una destinazione a questa lingua straniera e irragionevole parlata da noi, nostro malgrado. Nella molteplicità dei possibili, alla volontà non resta che acconsentire. Allora il dito si ferma sul planisfero nelle regioni che corrispondono all'anima. Non sono possibili errori seguendo questa regola.

Il corpo immagazzina immagini trasformate in icone. Mai nessuna cultura le ha mai tanto esaltate quanto la nostra, a discapito del libro e dei concetti. Il testo sta per scomparire, come del resto il libro, a tutto vantaggio dei segni iconici, pixelizzati, scannerizzati. Il reale nella sua consistenza carnale recede in favore della sua modalità virtuale: facciamo il pieno d'immagini e, come succede sempre in questi casi, l'eccesso uccide la possibilità stessa di quelle che potrebbero realmente avere un significato. I luoghi del mondo convergono verso gli schermi informatici o televisivi, tristemente simili alla loro realtà, ma ingabbiati, limitati dalla costrizione a una fedeltà sommaria. La probabilità del viaggio, così riccamente sognato, si assottiglia con la riduzione del mondo alle sue apparenze. Trionfo platonico.

Di qui la necessaria celebrazione del libro e della carta nella costituzione di un immaginario ricco ed efficace. I romanzi di Jules Verne o quelli di Paul d'Ivoi piuttosto che i video o i dischi carichi di immagini digitalizzate: il desiderio del viaggio si nutre più di fantasmi letterari o poetici che di immagini misere per la troppa somiglianza con una realtà sommaria. La genealogia delle icone incoscienti, utili nella scelta delle destinazioni, trae vantaggio dal celebrare il testo, il libro, il romanzo, la poesia, il racconto di viaggio. Qualsiasi riga di un autore anche minore accresce il desiderio del luogo descritto più delle fotografie o, peggio, dei film, dei video o dei reportage. Tra sé e il mondo, si intersecheranno in primo luogo le parole.

Accrescere il proprio desiderio

Il viaggio comincia in una biblioteca, o in una libreria. Misteriosamente, prosegue lì, nella chiarezza delle ragioni prima sepolte nel corpo. Al principio del nomadismo, dunque, incontriamo la sedentarietà delle scaffalature e delle sale di lettura, se non addirittura quella del domicilio in cui si accumulano le opere, gli atlanti, i romanzi, le poesie, e tutti i libri che, da vicino o lontano, contribuiscono alla formulazione, alla realizzazione, alla concretizzazione della scelta di una destinazione. Qualsiasi settore di una buona biblioteca può condurre a un buon luogo: il desiderio di vedere un animale stravagante, quello di cogliere una pianta quasi introvabile, il desiderio di intravedere una farfalla imprigionata, l'aspirare a una vena geologica in una cava, la volontà di camminare sotto un cielo abitato tempo prima da un poeta; tutto conduce a un punto del globo di cui portiamo invisibilmente il segno.

La carta istruisce le emozioni, stimola le sensazioni e libera la possibilità più vicina alle percezioni preparate. Il corpo è iniziato alle esperienze future nonostante le informazioni generalizzate. Ogni documentazione alimenta l'iconografia mentale di ognuno. La ricchezza di un viaggio necessita, a monte, della densità di una preparazione: come ci si predispone alle esperienze spirituali esortando l'anima ad aprirsi, ad accogliere una verità in grado di infondersi. La lettura agisce sotto forma di rito iniziatico, rivela una mistica pagana. L'accrescersi del desiderio sfocia in seguito in un piacere raffinato, elegante e singolare. L'esistenza di un erotismo del viaggio presuppone il superamento di un bisogno naturale al fine di suscitare l'occasione di un'esultanza artificiale e culturale. Arrivare in un luogo di cui ignoriamo tutto condanna all'indigenza esistenziale. Nel viaggio, si scopre soltanto ciò di cui si è portatori. Il vuoto del viaggiatore crea la vacuità del viaggio, la sua ricchezza ne produce l'eccellenza.

I libri, dunque, e in primo luogo l'atlante, bibbia del nomade nutrito inevitabilmente di geografia, geologia, climatologia, idrologia, topografia e orografia. Sulla carta, si realizza il primo viaggio, indubbiamente il più magico e di sicuro il più misterioso. Dal momento che progrediamo attraverso una poetica generalizzata fatta di nomi, di tracce, di volumi illustrati, di colori. Le convenzioni insegnano il marrone delle cime, delle catene montuose che sbarrano e deformano i continenti: qui, le Montagne rocciose e la cordigliera delle Ande che tagliano in verticale il continente americano; lì, la linea sinusoidale che attraversa l'Europa da ovest a est: Alpi, Carpazi, Caucaso e catena himalayana, che rafforzano il blu degli abissi marini, dei fondali profondi e oscuri, macchie nell'oceano Pacifico in mezzo a cui pullulano le sporadi equatoriali, gli arcipelaghi filippino, melanesiano e polinesiano, dorsali, fosse, bacini e fratture che tagliuzzano o scavano il fondo degli oceani; altrove, i vasi, le vene, le arterie e i capillari dei fiumi percorsi da un sangue di un blu uniforme: il lungo e longilineo getto del flusso delle foci e i tremiti delle sorgenti, percorsi elettrici e sinuosi delle origini; il Rio delle Amazzoni, il Mississippi, il San Lorenzo, il Niger, il Nilo, il Gange, il fiume Giallo come la coronaria, la carotide, l'aorta, la giugulare di uno scorticato incise su una tavola di Vesalio.

Voltata pagina, lontano dal pianeta raccontato secondo gli accidenti naturali, una mappa politica visualizza lo stesso mondo, ma questa volta in relazione alle tracce culturali volute dagli uomini. Lì dove la geomorfologia e la geologia assecondano i capricci delle forze telluriche, i planisferi ritagliati dagli attori della storia spezzettano il reale in elementi di un puzzle, la cui disposizione presuppone lunghe guerre e interminabili conflitti. Le frontiere si bagnano di sangue, si spostano, si modificano: dopo la fine del comunismo, l'Europa centrale è assoggettata ad altri schemi e ha conosciuto divisioni, lacerazioni, scissioni. Nuovi paesi, esito di antiche formule. Un tempo l'Impero austroungarico, poco fa la Jugoslavia e la Cecoslovacchia, oggi scomparse sotto il peso di nuove volontà politiche: Repubblica ceca, Slovacchia, Slovenia, Croazia, Bosnia Erzegovina. Annientamento dell'impero sovietico: i trascorsi umani non contano nulla. La geografia trionfa al cospetto dell'eternità, e la storia si riduce a schiuma.

Oltre alla cartografia fisica, marittima e politica, gli atlanti recano inoltre traccia delle comunicazioni e dei fusi orari: dopo la geologia, la geografia, la storia e la politica, l'economia. Perché le linee marittime, i collegamenti aerei, le distanze calcolate in miglia, le cifre da addizionare per ottenere le ore locali, le rotte, le piste, le strade ferrate, gli aeroporti corrispondono agli scambi: flusso di uomini e donne, circolazione di persone, via vai di merci, trasmigramento di intelligenze, mobilità familiari delle traiettorie tracciate in aria, in terra e in mare al fine di condurre gli ingegneri, i commercianti, i banchieri, gli industriali, gli uomini d'affari sul luogo dei loro misfatti. Tra loro, la categoria innocente dei turisti in viaggio verso il sole, il divertimento e il dispendio voluttuario dei loro risparmi annuali.

Rotte di navigazione, dunque: la Port Louis - Bombay per comprendere la popolazione mauriziana, la New York - Rio de Janeiro per cogliere le correlazioni tra le due Americhe, la Londra-Arkhangelsk col proposito di focalizzare le relazioni tra l'Europa mercantile del mare del Nord e l'entrata, attraverso il mar Bianco, sul mercato russo. Linee aeree, come dei bouquets che formano ombrelli o parasole sul mondo: tutte le grandi città collegate, in contatto, in correlazione, in rete. E poi, strade ferrate con treni interminabili: certo, la Transiberiana, ma anche la Québec-Vancouver, la traversata est-ovest del Canada, la Cairo-Khartoum, la discesa che rasenta il Nilo, la Bombay-Benares, e altre destinazioni mitiche. Dovunque motori e uomini convogliati, trasferiti, trasportati in migrazioni perpetuamente reiterate. Andate e ritorno, andate senza ritorno. Il pianeta rumoreggia su tutta la sua superficie per questi scambi di individui e di oggetti, di informazioni e di progetti.

Il mondo non è ciò che appare, poiché il centro di gravità delle proiezioni ci inganna con delle finzioni. Una mappa denota l'idea che si ha del mondo, non la sua realtà. Quando i primi cartografi propongono i loro disegni, tradiscono una teologia, una concezione del rapporto tra l'umano e il divino, il celeste e il terrestre, confessano il lavoro dell'epoca metafisica dentro di loro. L'idea che hanno del mondo coincide con il mondo e il mondo conosciuto coincide con l'unico mondo esistente. Al di fuori, nient'altro: dell'acqua, poi il vuoto. Tutte le carte geografiche pongono come epicentro il cuore della loro rappresentazione intellettuale. Il più delle volte il sé, l'immagine e il riflesso di sé. Indubbiamente, la visione sovietica del mondo rifiutava quella americana. Oggi quella cinese ignora totalmente la nostra, favorita a sua volta dalla proiezione di Mercatore che situa l'Europa nel bel mezzo delle terre rappresentabili.

Per organizzare questo reale diversificato, i geografi ricorrono alla geodesia. Adattano il reale a un modello matematico, gli conferiscono una forma geometrica e lo ingabbiano in fusi orari, latitudini e longitudini. Tracciano dei tropici, un equatore, due cerchi polari, uno artico, l'altro antartico, e poi al centro un meridiano che attraversa Greenwich e che si ormeggia ai poli. Il tutto permette una quadrettatura e una possibile localizzazione per gradi. Non si può procedere in modo migliore per ottenere una sorta di panopticon e controllare la diversità al fine di produrre un'unità leggibile e codificabile. Le fantasticherie del viaggiatore si muovono in questo mondo fatto di tracce e di linee, di cifre e di numeri. Se ne alimentano fin dalle prime ore del desiderio nomade.

Senza dubbio l'atlante dice l'essenziale, ma non dice tutto. Manca, al suo partito preso concettuale, una carne sensibile aggiunta dalla letteratura e dalla poesia. Perché il poeta più di chiunque altro colloca il proprio corpo individuale al centro del luogo abitato dalla sua coscienza e dalla sua sensibilità. Tutte le sue emozioni, sensazioni, percezioni, tutte le sue storie individuali fioriscono nella sua anima capricciosa, sfociando un giorno in un breve testo che offrirà la quintessenza di sinestesie bizzarre: sentire dei colori, assaporare dei profumi, toccare dei suoni, udire delle temperature, vedere dei rumori.

Praticare tutti questi esercizi conferma che viaggiare presuppone lo sregolare tutti i sensi, per poi riattivarli e sintetizzarli nel verbo. Scrivere versi sul molo di un ponte di fronte all'acqua rilucente di un estuario incommensurabile, accanto all'oblò di un aereo che sorvola la Transilvania o in un caffè africano sperduto in mezzo a migliaia di ettari senza anima viva, scarabocchiare su carta spiegazzata nella hall di un aeroporto, in una camera d'albergo egiziano dove il ventilatore smuove l'aria verso un corpo nudo affaticato, significa chiedere alle parole la potenza alchemica degli atanor: versare nel crogiuolo della propria esperienza quel che serve a portare i metalli all'incandescenza, per ottenere l'oro di un pugno di immagini che persistano.

Leggere versi permette di accedere all'immaginario di una soggettività impregnata dal luogo. Di qui le collisioni intellettuali, le scorciatoie spirituali e mentali, gli slanci affettivi che sollecitano l'anima, incitano ed eccitano i sensi. Il poeta trasforma la molteplicità di sensazioni in un scrigno di immagini incandescenti destinate a sviluppare le nostre sensazioni. Tutti i viaggiatori narrano i propri pellegrinaggi in lettere, quaderni, racconti. Solo pochi distillano i propri spostamenti in una raccolta di versi. La Cina di Claudel, il Tibet di Segalen, le Antille di Saint-John Perse, l'Equatore di Michaux, il Messico di Artaud, l'Europa di Rilke, se non addirittura la poesia dei veggenti che vivono e infestano le loro città come visionari, Apollinaire a Parigi, Pessoa a Lisbona o Borges a Buenos Aires...

Dopo l'Atlante e la Poesia, queste due forme a posteriori della sensibilità, è il turno della Prosa, che esprime in modo altro, in maniera meno forte, più diluita, ciò che il poeta trasfigura in bagliori. I racconti di viaggio traboccano di dettagli. Consegnano, talvolta giorno per giorno, lo svolgersi di un modesto impiego del tempo. Lì dove la carta e i versi concettualizzano in modo assoluto, praticano l'astrazione della quintessenza, la prosa offre un ritmo più lento, più lungo. Richiede tempo. Come la corrispondenza. Vi si racconta un paesaggio, un pasto, un incontro, un monumento, un'emozione, una fatica, si segna un percorso, si dettaglia un itinerario, si riferiscono aneddoti, peripezie. La materia appare più consistente di quanto non faccia in un sonetto o in versi liberi, ma, senza contesto, si rivela meno ricca.

Restano le opere che forniscono l'occasione per una gran quantità di insegnamenti pratici. I Prontuari, le Guide. Su questi possiamo ugualmente sognare, ma con altre risorse e con altri mezzi. Indirizzi, contrassegni, istruzioni tecniche per telefonare, affrancare la posta, vestirsi, fare una valigia, mangiare, alloggiare; dettagli sulle specialità culinarie, i vini, le bevande, sulle ore dei pasti, le abitudini sociali, i tassi di cambio, sull'uso dei taxi; delle sintesi storiche, inviti a visitare un museo, a notare un'opera in una sala, delle date significative; note sulla fauna, la flora, il clima; brani scelti di letteratura classica, gli indispensabili passi scelti di letteratura di viaggio; compendi di cultura, piani generali, poi in dettaglio, nomi di strade, carte, piani. Un breviario per una vita quotidiana spesa all'insegna dell'insignificante e del minuto. Più libri da sfogliare che da leggere, da scorrere, da prendere e riprendere, da compulsare.

In realtà, la Guida, la Prosa, la Poesia, l'Atlante offrono l'occasione per quella che Plotino definiva una dialettica discendente: i dettagli, i ricordi, le idee, il concetto, tutto contribuisce alla sollecitazione del desiderio; lo scopriamo, ne abbiamo cura, lo alimentiamo, e in seguito ne godiamo, ci forma tanto quanto noi lo formiamo. In una maniera tutto sommato platonica, sollecitiamo l'idea di un luogo, il pensiero di un viaggio, poi partiamo per verificare l'esistenza reale e fattuale del luogo agognato, intravisto attraverso icone, immagini e parole. Sognare un luogo, in questo stato d'animo, permette più di ritrovarlo che di trovarlo. Ogni viaggio vela e disvela una reminiscenza.

Intermezzo I

Abitare l'intermezzo

In quale momento comincia realmente il viaggio? L'anelito, il desiderio, certo, la lettura, tutto questo indubbiamente definisce il progetto, ma quando possiamo dire che il viaggio in sé è cominciato? A partire dalla decisione di partire e di andare in un luogo piuttosto che in un altro? Quando facciamo una valigia o chiudiamo una borsa? No. Perché esiste un momento unico, individuabile, una data di nascita evidente, un gesto che sigla l'inizio: il movimento della chiave nella serratura della porta, quando chiudiamo e ci lasciamo alle spalle la nostra casa, il nostro porto d'attracco. Il viaggio propriamente detto comincia in quel preciso istante.

Il primo passo ci getta de facto in un intermezzo che si fonda su una logica speciale: non più nel luogo lasciato, non ancora nel luogo ambito. Fluttuante, vagamente collegato a due confini, in uno stato di assenza di gravità spaziale e temporale, culturale e sociale, il viaggiatore penetra nell'intermezzo come se approdasse sulle coste di una qualche isola. Sempre più lontano da casa, sempre meno distante dalla propria destinazione, l'individuo che si muove in questa zona bianca, neutra, si inerpica apparentemente su un pendio in salita, raggiunge un punto zenitale, e poi affronta una discesa. Veniamo da, andiamo verso, accumuliamo i chilometri che ci separano da casa, riduciamo quelli che ci avvicinano all'altro. Questo mondo dell'intermedio obbedisce a leggi proprie che ignorano quelle che reggono le abituali relazioni umane.

Aereo, nave, treno, automobile o autobus, condividiamo uno spazio comune, il tempo di passare da un punto all'altro. La cabina di volo, il pontile, il vagone, la banchina, l'abitacolo offrono occasioni di prossimità, addirittura di promiscuità, che obbligano alla relazione o costringono alla conversazione. In questo microcosmo comunitario, si gioca un'intersoggettività limitata nel tempo. Dall'arrivo in aeroporto, al porto, alla stazione ferroviaria, nella zona di stazionamento, per la maggior parte del tempo questa società si sfilaccia. Si disgrega subito come si dileguano le ragioni casuali dello stare assieme.

Dal momento che l'ambiente, in modo bizzarro, ce lo permette, possiamo parlare, simpatizzare, avere degli scambi, raccontare la nostra vita senza complessi e senza inibizioni. In questi luoghi, regna una particolare atmosfera consustanziale alla circostanza dell'intermezzo: un genere di abbandono simile a quello delle sale d'attesa mediche o probabilmente degli studi degli analisti. Lontano dalle rigidità sociali e dalle convenienze civili, dalle regole collettive e dagli habitus sociali, il viaggiatore sfiora un mondo equivoco di gente portata alla confidenza, a quella che Heidegger definisce «la chiacchiera»: un genere di scadimento della parola, una pratica forse compensatoria dell'angoscia generata dall'abbandono della propria dimora, e dall'arrivo in un mondo senza punti di riferimento.

In questo scambio di parole fini a se stesse, che sembra diventato una finalità e non un mezzo per comunicare, la superficie verbale prende il sopravvento sulla profondità intellettuale. Raccontiamo cose senza importanza, descriviamo fin nel dettagliato lembi d'esistenza, ci dilunghiamo su frammenti di vita insignificanti, trasformati in pezzi di bravura, capaci di farci sembrare importanti, essenziali, notevoli. Nell'intermezzo, la prossimità genera la chiacchiera e i suoi oggetti di predilezione: le peripezie del viaggio, la confidenza banale, le considerazioni vaghe su come va il mondo, l'autobiografia trasfigurata in epopea.

Luogo del verbo demonetizzato, l'intermezzo è allo stesso modo quello dei crocevia simmetrici. La sua popolazione è costituita da flussi e riflussi di onde: l'una va verso, l'altra viene da, e coloro che partono indossano, a monte, gli abiti di coloro che ritornano. I primi affrontano il movimento ascendente del loro viaggio, lasciano la propria casa dietro di sé, i secondi intraprendono il movimento discendente, e ritornano a casa. In questo spazio mentale, si incrociano persone desiderose di vedere e individui stracolmi di cose viste. Quelli che aspirano ai ricordi dividono il tempo con quelli che ne riferiscono una quantità rilevante. In questo luogo regna l'impressione dello specchio: ognuno si sente l'inverso dell'altro, il suo esatto contrappunto, simile, ma esattamente nella relazione del diritto e del rovescio della stessa moneta. Le forze opposte si equilibrano e creano una strana sospensione mentale.

Questo luogo di extraterritorialità non sembra governato da alcuna lingua, né da alcun tempo. Quale idioma dobbiamo parlare, infatti, quando saliamo su un aereo? Quello del paese che abbiamo lasciato o del paese verso cui siamo destinati? In quale luogo viaggiamo una volta confinati in aria? Quello della legge che presuppone che lo spazio aereo sia di proprietà del paese sorvolato? Quale punto del cielo permette di definire nettamente l'attraversamento di una frontiera? E lo stesso si può dire per l'imbarcazione che attraversa le acque internazionali. Ugualmente per un viaggio che prevede uno spostamento d'orario: l'ora del luogo di partenza o del luogo d'arrivo? L'ora specifica di un tempo universale? In quale momento spostare le lancette dell'orologio? Esattamente a metà dei chilometri percorsi? In realtà, tutti subiamo l'inglese universale e il ritmo socialmente imposto dai vassoi per i pasti durante i voli a lunga percorrenza. Solo questi conferiscono una parvenza sociale fornendo punti di riferimento: il tipo di alimentazione obbliga a vivere secondo l'ora del risveglio o di metà mattina, del pranzo o della cena.

Nell'intermezzo, quando svaniscono i punti di riferimento della civiltà, il corpo tende a ritrovare i propri segni naturali e obbedisce con più fervore alla sovranità dei propri ritmi biologici: mangia e beve quando ha fame o sete, e dorme quando il sonno lo reclama. Proprio perché troppo breve, questo tempo ha alla lontana qualcosa in comune con le esperienze di reclusione e confinamento praticate dagli speleologi. Cancellando i calcoli, le macchine per misurare il tempo, gli orologi, sopprimendo i punti di riferimento naturali (il sorgere e il calare del sole, l'alternanza del giorno e della notte), il corpo va verso la propria verità profonda e viscerale, animale. Nell'intermezzo si sperimenta questa soggettività radicale, che dà l'impulso a logiche a tutti sconosciute. Esaltando questi ricongiungimenti con i tempi biologici, giocando con gli spostamenti tra corpo sociale e corpo naturale, tra civiltà e biologia, ogni individualità conosce il piacere di sentire il proprio corpo vivo, agito da cose più grandi e più forti di lui.

L'intermezzo genera quindi una geografia particolare, né qui, né altrove, una storia propria, né radicata, né atopica, uno spazio nuovo, né fisso, né inafferrabile, un tempo altro, né misurabile, né omogeneo, una comunità nuova, né stabile, né duratura. Luogo di intersezione, superficie di extraterritorialità, induce piccole isole di senso in grado di produrre arcipelaghi aleatori destinati alla decomposizione. Il viaggiatore, tra il luogo lasciato e la terra calpestata all'arrivo, trasportato sull'acqua, per aria, o spostandosi in una traslazione che isola dal suolo, scopre alcune novità metafisiche: le gioie della comunità puntualmente realizzate nell'insignificanza condivisa, la pratica della durata come un flusso assordante, l'impressione di abitare un luogo fabbricato di sana pianta dalla velocità di spostamento. In questa attesa magica, il viaggio trova saldamente inizio.

Durante

Realizzare l'amicizia

Possiamo viaggiare da soli, certo, ma con la certezza di essere incessantemente di fronte a noi stessi, fin nei particolari, notte e giorno, nei momenti fausti e in quelli infausti. Nei momenti felici o in quelli tristi, negli istanti malinconici o gioiosi, nel desiderio di essere soli o nella voglia di condivisione, in ogni caso, dobbiamo sopportarci, accettare la nostra compagnia. Non sempre è questa la soluzione migliore. Ma se la solitudine costringe effettivamente alla certezza di vivere di continuo con sé stessi, il gruppo, da parte sua, non consente mai di godere di sé stessi. Di fronte a noi stessi o di fronte agli altri, l'alternativa non appare molto felice. Né il viaggio solitario, né la sua formula tribale o gregaria, sembrano fornire buone occasioni per realizzare un'autentica comunità edonista.

In compenso, viaggiare in due mi sembra chiarire una formula romana, in quanto permette la costruzione di un'amicizia, forgiata giorno per giorno, pezzo a pezzo. Il nostro Occidente cristianizzato non ama l'amicizia, molto presto diventata una virtù sospetta in quanto antinomica rispetto alla religione sociale, familista e comunitaria. Per di più, la moda borghese del matrimonio d'amore rende caduco questo esercizio pagano: nell'ambito della coppia, domandiamo ormai all'altro di interpretare l'insieme dei ruoli affettivi, compreso quello di confidente o di compagno. La coniugalità, la coabitazione, il tropismo genitoriale danno il colpo di grazia come possibilità esistenziale ed etica. L'eccellenza di questa figura dell'intersoggettività antica sparisce del tutto nelle pratiche moderne del cameratismo, della cricca, della relazione mondana, della modesta frequentazione destinata a scongiurare, con risparmio di fatica, la solitudine. Facciamo colazione, ceniamo, passiamo un weekend insieme, ci assegniamo ruoli da padrino e madrina in occasione del battesimo dei rispettivi figli, mettiamo insieme i congiunti ai banchetti, certo, ma cessiamo di essere in due, non pratichiamo più l'amicizia, presto non ci crediamo più, e ciò che resta è in grado di seppellire il cadavere di una bella storia ormai decomposta.

Viaggiare in due presuppone la scelta. Niente di peggio della comparsa obbligata, il vicino invadente che si sente autorizzato a imporsi per via della destinazione comune. Poveri noi quando il parassita venuto dal nulla approfitta della nostra solitudine, e soprattutto della sua, per infliggerci la sua conversazione, la sua presenza, la sua chiacchiera. Siano maledetti i gruppi desiderosi di aggregarci alla loro indesiderabile comunità, indesiderabile perché non sopportano un individuo isolato, senza legami evidenti e visibili. Viaggiare in due permette sia di mantenere a distanza gli indesiderabili solitari che di accostare individui realmente scelti. In due si eludono le incognite dell'uno e gli inconvenienti dei molti.

Né da solo né in molti, andare in giro con il proprio amico permette al contrario di evitare l'angoscia demoltiplicata del tragitto solitario, della barriera delle lingue straniere, degli uffici pubblici e delle seccature burocratiche alle frontiere, ai commissariati, con i funzionari, i poliziotti, le forze armate del mondo. Lo straniero che va in giro liberamente per un paese inquieta le autorità, in particolare lì dove non regna la democrazia, vale a dire nella maggior parte dei luoghi del pianeta. L'amicizia fornisce il tonico necessario a scongiurare lo stato di fragilità consustanziale all'allontanamento da casa, lontano dai punti di riferimento e orientamento abitualmente rassicuranti per l'animale che è in noi.

Nell'esercizio dell'amicizia, disponiamo insieme all'altro del terzo meno terzo che si possa immaginare. Con lui, si sperimenta la condivisione, lo scambio, il silenzio, la fatica, il progetto, la realizzazione, il riso, la tensione, lo svago, l'emozione, la complicità. La sua presenza si palesa prima, dopo e durante il viaggio. Nella fase ascendente, nel movimento discendente, nel tempo del desiderio, quello dell'evento, quello del ricordo, poi quello della reiterazione, lui è lì, indefettibile e necessario. Nell'istante, nel momento, l'amico rende possibile la sola autentica comunità concepibile, quella delle complicità senza corpo che il tempo risana e migliora. Il viaggio fabbrica l'amicizia, come è vero altrettanto l'inverso. Il tempo stesso vissuto come capillarità nutre sostanzialmente questa trasfigurazione dell'uno attraverso l'altro.

Nel dettaglio del viaggio, l'amicizia permette la scoperta di sé e dell'altro. Viviamo sotto i suoi occhi, nel quotidiano, in stati d'animo differenti, molteplici e contraddittori. La fatica contribuisce all'esacerbazione delle vere nature. Camminare, girare, andare e venire, mangiare poco e male, bere troppo o non abbastanza, svegliarsi presto, addormentarsi tardi per approfittare a pieno del luogo e delle circostanze, tutte queste occasioni mettono il corpo in uno stato altro. Più fragile, ma anche più sensibile, scorticato, con l'emozione a fior di pelle, rifinito come uno strumento di estrema efficacia, il corpo diventa quindi il sismografo ipersensibile, incline all'eccesso. In questa logica in cui l'infinitesimale conta molto, l'amicizia si manifesta in tutto il suo splendore.

Questa virtù sublime si vive, non si sogna. La realizzazione di un viaggio formula una comunità singolare: lì dove l'amore appare fragile, dipendente dall'uso dei corpi carnali, l'amicizia conosce una forza autentica, indifferente e indipendente dai tormenti amorosi. L'amicizia, questo amore senza il corpo, genera un uso comune del tempo, dello spazio e dell'energia. Tra amici, infatti, ogni cosa è comune secondo il principio del contrappunto: la forza dell'uno compensa la debolezza dell'altro, la fatica del primo richiama la resistenza del secondo, qui la mancanza induce lì la pienezza.

Lo stesso magnetismo circola tra i due esseri e irrora le anime con una foga senza eguali. Come l'armonia musicale, le differenze combinate producono complementarietà, compiutezza, un genere di opera melodica. La somma delle due entità produce una terza figura che decide del contenuto, della forma e dello svolgimento del viaggio. I desideri, le aspirazioni, le determinazioni, le volontà polverizzano le fatiche, le noie, le noncuranze, le debolezze. L'improvvisazione nomade presuppone il prendere in considerazione il desiderio terzo e, lungi dall'intralciare il movimento dell'uno, questa preoccupazione genera dei nuovi possibili per l'altro. Tutto ciò che vince di un individuo solo, al principio preserva i due amici insieme, poi li galvanizza e mobilita l'energia nella forza di una realizzazione comune.

In un viaggio degno di questo nome, l'amore si potrebbe trovare esposto, più debole. Per esempio, nella relazione con l'altro sesso, travisata o vietata nella sua spontaneità durante un viaggio in coppia. La possibilità di incontrare liberamente le donne di un paese, per parlare, ridere, discutere, discorrere, senza necessariamente avere il pensiero di un'avventura sessuale, si trova ostacolata dalla presenza della moglie, della compagna, della fidanzata. Allo stesso modo, le donne subiscono il parassitaggio di un marito, di uno sposo o di un compagno nelle relazioni con gli uomini del luogo. Come gemelli, come androgini gioiosi, gli amici costruiscono il viaggio che, in cambio, e in un gesto paradossale e singolare, li costituisce nella loro intimità. Partire con il proprio amico offre la certezza di andare incontro a piaceri adamantini.

Tendere trappole alla memoria

Il poeta recluso nell'Harar invitava alla sregolatezza di tutti i sensi e alla necessità di fissare le vertigini. Come comportarsi di fronte alle ebbrezze indotte dal viaggio? Scrivere? Annotare? Disegnare? Inviare lettere? E in tal caso, brevi o lunghe? Preferire delle cartoline? Fotografare? Portare con sé dei quaderni a cui consegnare schizzi e frasi, parole e disegni, cifre e numeri? Moleskine o agenda di cuoio, di cartone o stoffa, rilegata o in brossura, finemente intelata o negligentemente ridotta a brandelli: quali feticismi per questi oggetti quotidiani presenti in ogni circostanza? Il viaggiatore non saprebbe rinunciare a nessun supporto per fissare le scosse consustanziali agli spostamenti.

Perché non tratteniamo mai l'interezza della valanga continua, del flusso di informazioni. Il viaggio, infatti, fornisce l'occasione per dilatare i cinque sensi: sentire e comprendere in modo più profondo, guardare e vedere in modo più intenso, assaporare e toccare con maggiore attenzione. Teso e pronto a nuove esperienze, il corpo in subbuglio registra più dati rispetto al consueto. Si trova maggiormente soggetto alla prova fenomenologica di quanto non sia invischiato nel dettaglio del quotidiano: immerso nel reale, conosce attraverso il gioco dell'intenzionalità e della coscienza, sperimenta l'essere costretto a manifestarsi come evento e il nulla in cui si trovano relegate le scorie della decisione. Viaggiare intima il pieno funzionamento dei sensi. Emozione, affezione, entusiasmo, stupore, domande, sorpresa, gioia e sbalordimento, ogni cosa si mescola nell'esercizio del bello e del sublime, dello spaesamento e della differenza.

Annotare, dunque. Annotare ciò che, nello svolgimento temporale e fluido del tempo reale, libera il senso e quintessenzia il viaggio. Recidere, tagliare lungo il nastro della cronologia alcuni momenti straordinari, alcuni istanti che raccolgono e riuniscono l'idea, e poi sintetizzano lo spirito del movimento. La memoria funziona in questo modo: fa prelevare nell'immensità lunga e lenta del diverso i punti di riferimento vividi, densi e utili a cristallizzare, costituire e temprare i ricordi. Ciò che ossessiona la mente dopo aver, da molto tempo, abbandonato la geografia: ecco del materiale da serbare nella memoria. In quest'ordine di idee, la memoria è lavorata come una pietra preziosa grezza, da tagliare.

Bisogna considerare innanzitutto questo blocco di immagini e di sensazioni al quale si riduce sempre un viaggio nella sua immediatezza. Emozioni diffuse, percezioni disordinate, rapimenti improvvisi, frammenti e pezzi di reale senza relazioni a priori, se non la loro ricezione in un luogo, in un tempo, in un'ora e in un punto preciso. Nel mezzo stesso dell'evento, esiste solo la molteplicità delle informazioni vissute nel disordine: delle saette nel caos, un gran numero di sollecitazioni, un insieme di slanci, ma nulla di sensato qui e ora. Il corpo si apre all'esperienza, registra e immagazzina quello che è confuso, quello che è diverso.

In un primo tempo, dunque, accettare l'odore del mercato orientale, i profumi di incenso, di zafferano e sandalo di un tempio buddhista, anelare ai colori arancione, blu e indaco di un tramonto sulla cima delle dune sahariane, accogliere con benevolenza il caldo brutale, secco ed essicante di un deserto africano, ascoltare in estasi grida di uccelli rari o di scimmie bercianti, gracidii di rane toro o stridii di elitre di insetti tropicali, assaporare l'ombra delle viuzze, la frescura delle strade, l'oscurità dei passaggi nelle città mediterranee, bere l'acqua ghiacciata di una fontana medievale sperduta in una città contemporanea, lasciare che la bocca si riempia del sapore di una papaia, della violenza verde di un limone, del retrogusto amaro, anche se caramellato, di un caffè keniota, se non addirittura del tabacco egiziano profumato alla mela o dell'oppio cinese, toccarne i granuli, verificare la porosità delle pietre capovolte di un tempio siciliano in cui deambularono i filosofi presocratici: sentire con violenza il proprio corpo esistere nella dolcezza di un istante vissuto sulla modalità del magico, del mirabile e del meraviglioso.

Poi, una volta esaurito il quotidiano, una volta assorbite le miriadi sensuali, ordinare, tracciare in questo blocco di emozioni, di linee di forza, di tratti, di linee di fuga, aprire il passaggio a energie, produrre senso, organizzare, imbastire. Di qui la necessità di ammaestrare la memoria, di guidarla con metodo. Fissare questo insieme deflagrato esige l'evizione, l'oblio, il rifiuto di ciò che agita in maniera insufficiente la carne e lascia tracce altrove rispetto alla memoria classica: nei muscoli, nelle articolazioni, nel sangue, sotto pelle, nelle cadenze della respirazione, indicizzate su ritmi profondi e su metabolismi misteriosi, ma in modo invisibile a priori, impossibile da sollecitare con la memoria classica. La materia ricorda, gli atomi non dimenticano, ma la riserva mnemonica tradizionale non reca traccia di queste informazioni.

Dunque, fissare con l'aiuto delle tecniche con cui ci si sente più a proprio agio: l'acquarello o la fotografia, la poesia o il disegno, la nota breve o l'appunto lungo, la lettera o la cartolina. Ogni supporto esige un tempo specifico: la velocità eccessiva dell'apparecchio fotografico da un lato, la cura lenta dell'elaborata scrittura poetica dall'altro, qui l'immagine, lì il testo, il colore dell'acqua mescolata in un caso, il tratto vivido, secco e scorrevole nell'altro, il verbo dispiegato o la parola risparmiata, se non addirittura il nastro magnetico che serba il ricordo di una serata in cui si percepivano i batraci enormi e i mostruosi insetti del continente africano. Poco importa il supporto utilizzato perché la memoria produca ricordi, estragga quintessenze, crei punti di riferimento con cui organizzare più tardi l'insieme del viaggio. Nel viluppo e nel groviglio dell'esperienza vissuta, la traccia cartografa e permette la lettura di una geografia sentimentale.

Più tardi, il tempo dell'evento ormai lontano, alle nostre spalle, restano istanti congelati in forme suscettibili di riattivazione immediata. Queste tracce giustificano meno il viaggio di quanto non lo rendano parzialmente immortale. Non c'è nulla di peggio di un profluvio di tracce, di un'abbondanza di foto. Se non l'isteria contemporanea e turistica che si basa sulla registrazione di ogni cosa con la videocamera, con il rischio di ridurre la propria presenza nel mondo alla sola attività di filmare... Niente di più inutile di una quantità astronomica di acquarelli, poesie, disegni, pagine che rendono impossibile il lavoro della memoria e che, al contrario, lo offuscano, aggiungono confusione e rinviano quanto è vario o confuso a qualcosa di ancor più vario e confuso.

Tra l'assenza di traccia e il suo eccesso, la persistenza di istanti forti e non comuni sostituisce il lungo tempo dell'evento con un tempo breve e denso: quello dell'avvenimento estetico. Si tratta di produrre, da lunghi periodi, delle emozioni brevi e un tempo contratto nel quale si comprime il massimo di emozioni sperimentate dal corpo. Una poesia riuscita, un cliché tenuto a mente, una pagina che resta presuppongono la coincidenza assoluta tra l'esperienza vissuta, compiuta, e la reminiscenza riattivata, sempre disponibile malgrado il fluire. Di un viaggio non dovrebbero restare che tre o quattro segni, forse cinque o sei, non di più. Tanti quanti, in effetti, sono i punti cardinali necessari all'orientamento.

Inventare un'innocenza

Difficile lesinare sui pregiudizi della propria epoca riguardo la diversità del mondo, tanto più che, per la maggior parte, questi pregiudizi provengono da una vecchia e deleteria base culturale: lo spirito dei popoli, il carattere delle razze, il temperamento delle nazioni, e altre considerazioni nate dall'antropologia, dal racconto di viaggio, della filosofia politica, ma anche da una specie di consolidato buon senso popolare. Strano come queste fallaci teorie si ritrovino tanto in Hegel, quando scrive di filosofia della storia, cercando il sorgere della Ragione nel Reale, quanto nel signor Homais di *Madame Bovary*, rientrato dalle vacanze all'estero, col solo bagaglio intellettuale della pessima digestione di una guida di viaggio. Andare da qualche parte equivale, per la maggior parte del tempo, a esporsi all'incontro coi luoghi comuni associati da sempre alla destinazione prescelta.

Rinchiudere popoli e paesi in tradizioni a loro volta ridotte a due o tre misere idee è cosa rassicurante, dal momento che è sempre comodo sottomettere la molteplicità inafferrabile a un'unità che si può domare con facilità: così accade per gli africani, portati per il ritmo, per i cinesi, fanatici del commercio, per gli asiatici in generale, talentuosi nella dissimulazione, per i giapponesi, estremamente educati, per i tedeschi, ossessionati dall'ordine, per gli svizzeri, molto noti per la loro pulizia, per i francesi, arroganti, per gli inglesi, egocentrici, per gli spagnoli, fieri e affascinati dalla morte, per gli italiani, frivoli, per i turchi, ombrosi, per i canadesi, ospitali, per i russi, associati a uno spiccato senso della fatalità, per i brasiliani, edonisti, per gli argentini, tormentati dal risentimento e dalla malinconia, mentre i maghrebini eccellono, chiaramente, nell'ipocrisia e nella delinquenza.

Alla rinfusa, questi luoghi comuni permettono di spiegare, almeno lo crediamo, il jazz americano e la finanza postmaoista, la genealogia del fascismo europeo e la leggendaria neutralità elvetica, l'insularità genetica degli anglosassoni e la sanguinosa corrida iberica, l'eccezione nazionale francese e la drammatica mafia moscovita del dopo Glasnost, l'immigrazione in America del Nord, terra di accoglienza per gli avventurieri e i coloni, il corpo gioioso delle spiagge di Copacabana e il grande, prolungato e glaciale fremito del tango dei locali di Buenos Aires, ma anche gli elevati tassi di criminalità nei paesi europei; poco importa la verità, purché ne consegua un'apparenza di senso. Potremmo stilare una lista non esaustiva dei giudizi e delle convinzioni espresse dagli uni sugli altri, chi potrebbe uscirne indenne?

Tra tutte queste chincaglierie intellettuali, qualcosa di vero poteva avere un senso all'epoca delle barriere nazionali e delle tradizioni locali, quando il viaggio era cosa rara, il turismo inesistente e il tempo più lento, simile da millenni in spazi preservati dalla comunicazione e dagli scambi. Senza dubbio, nei tempi antidiluviani si sarà potuta constatare l'influenza religiosa o ideologica delle grandi visioni del mondo sulle tradizioni ospitali o pacifiche, conquistatrici o intolleranti. Non si nasce impunemente su una terra conquistata da lungo tempo da Mosè, Buddha, Confucio, Gesù o Maometto. Di sicuro, la storia, ma anche la geografia, il paesaggio, si trovano segnati allo stesso modo, e in maniera profonda. Nonostante ciò, a partire dai viaggi del sedicesimo secolo, dalla scoperta dei continenti, dalla penetrazione dei popoli gli uni presso gli altri, dalla scomparsa progressiva delle chiazze bianche sulle carte, dalle conquiste reciproche, dal cosmopolitismo diffuso, il pianeta si è ristretto e lo spirito dei popoli si è fuso nell'identità di un'umanità in breve tempo ridotta a una sola entità spirituale.

Uno dei rischi del viaggio consiste nel partire per verificare da sé quanto il paese visitato corrisponda precisamente all'idea che ce ne siamo fatti. Tra il desiderio di trovare sul posto i luoghi comuni incarnati con cui ci eravamo riempiti lo spirito e quello di recarci in una terra assolutamente vergine, esiste una via di mezzo, che presuppone un'arte del viaggio ispirata dal prospettivismo nietzschiano: nessuna verità assoluta, ma verità relative, nessuna unità di misura ideologica, metafisica od ontologica con cui misurare le altre civiltà, nessuno strumento comparativo che imponga la lettura di un luogo attraverso i punti di riferimento di un altro, ma la volontà di lasciarsi riempire dal liquido locale, alla maniera dei vasi comunicanti.

Potremmo chiamare questa fastidiosa tendenza a vedere il reale attraverso il filtro della nostra cultura come la posizione del missionario. Difatti, i preti che partivano per evangelizzare lontane contrade decodificavano il luogo in cui arrivavano con il bagaglio concettuale cristiano, più precisamente cattolico, apostolico e romano. Quando un prete bianco arriva in missione in un paese africano o nel continente cinese, giudica, valuta e condanna in ottemperanza agli scritti testamentari e ai Vangeli. Questo comportamento perdura in numerosi turisti che guardano oggigiorno con apprensione una civiltà o una cultura attraverso i punti di riferimento del loro spirito prefabbricato o rinchiuso nei limiti del loro tempo, della loro epoca e dei suoi difetti.

La poligamia marocchina, l'escissione maliana, l'infibulazione etiope, il cannibalismo guayaki, l'infanticidio cinese possono essere letti dal punto di vista di un missionario che condanna oppure da quello di un etnologo che cerca di comprendere: padre Huc contro Claude Lévi-Strauss. Difficile non essere più devoti e lesinare la lettura cattolica, compresa quella dalle forme attuali, umaniste e impregnate di religione dei diritti dell'uomo. Dopo Montaigne, sappiamo che « chiamiamo barbarie tutto ciò che non rientra nei nostri costumi », e permettiamo volentieri questo imperativo etico, ma soltanto quando si tratta di leggere il mondo nella prospettiva del politicamente corretto, che esporta valori occidentali, laici ed ereditati dai Lumi. Tuttavia, come si può legiferare intellettualmente in questi paesi dove si praticano queste stravaganze ontologiche, con la Bibbia in una mano e la Dichiarazione dei diritti dell'uomo e del cittadino nell'altra?

Viaggiare presuppone la volontà etnologica, cosmopolita, decentrata e aperta più che lo spirito missionario, nazionalista, eurocentrico e gretto. Il turista compara, il viaggiatore separa. Il primo rimane sulla porta di una civiltà, lambisce una cultura e si accontenta di percepirne la schiuma, di coglierne gli epifenomeni da lontano, nella sua qualità di spettatore impegnato e militante nei confronti del proprio radicamento; il secondo cerca di entrare in un mondo sconosciuto, senza compiacenze, come uno spettatore disimpegnato, senza preoccuparsi di ridere o di piangere, di giudicare o di condannare, di assolvere o di lanciare anatemi, ma desideroso di afferrare l'interiorità, di comprendere: come vuole l'etimologia. Il comparatista designa sempre il turista, l'anatomista indica il viaggiatore.

Per contribuire alla costruzione di un'innocenza recuperata, eviteremo pertanto di partire per un paese al fine di constatare in loco ciò che insegnano i luoghi comuni: eviteremo di spostarci in Africa per incontrare dei guerrieri Masai che, col ritmo nella pelle e la danza nel sangue, si agiterebbero in maniera folcloristica in un'area segnalata dall'ufficio del turismo, che vive da parassita sullo sfruttamento della passione turistica per la comparazione; cercheremo di non andare in territori di tradizione musulmana per constatare de visu come si incarnino la quotidiana raffinatezza araba e la passione islamica per l'astrazione, dal momento che non vedremo nulla di tutto questo in un luogo in cui la religione assicura, lì come in qualunque altro posto, il dominio sui corpi; soggiornando a Parigi, Roma o Dublino, non vedremo più all'opera l'amore cristiano per il prossimo.

L'innocenza presuppone l'oblio di ciò che abbiamo letto, appreso, sentito. Né la negazione, né il risparmio, ma la messa al bando di ciò che parassita la relazione diretta tra lo spettacolo di un luogo e noi stessi. Viaggiare richiede un'apertura passiva e generosa alle emozioni generate da un luogo, da accogliere nella sua brutalità primitiva, come un'offerta mistica e pagana. Lontano dai luoghi comuni tramandati di generazione in generazione, lontano dalle apprensioni morali e moralizzatrici, lontano dalle riduzioni etiche ed etnocentriche, lontano dalle riattivazioni insidiose dello spirito colonialista e invasore, intollerante e barbaro, il viaggio richiama il desiderio e il piacere dell'alterità, non della differenza facilmente assimilabile, ma di una resistenza autentica, un'opposizione schietta, una dissomiglianza più grande e fondamentale.

L'invenzione dell'innocenza, necessaria al viaggio, esige di conseguenza l'abbandono delle opinioni sullo spirito dei popoli, il rifiuto dello sguardo egocentrico e missionario, ma anche l'affrancamento dai pregiudizi sulla forma del viaggio. Perché quasi tutti gli autori specializzati sul tema celebrano l'immersione, vantano il merito dei lunghi periodi, degli investimenti particolari: l'apprendimento della lingua, il risiedere sul posto, la vita con gli autoctoni. Per quale scopo? Per comprendere un paese, per coglierne la natura essenziale, afferrarne realmente il sapore? Per disporre di un'intelligenza attiva all'interno di questa cultura laddove i cittadini del paese stesso non ne dispongono?

La conversione non cambia affatto la questione: rimaniamo prigionieri della nostra nascita, della nostra terra natale, della nostra lingua madre, murati nelle pieghe primigenie dell'infanzia. Un quarto di secolo vissuto in Giappone da un giapponese non equivarrà mai, in termini metafisici, alla stessa durata vissuta da un occidentale nello stesso luogo. La comprensione di un paese non si ottiene in virtù di un lungo investimento temporale, ma seguendo l'ordine irrazionale e istintivo, talvolta breve e folgorante, della pura soggettività immersa nella casualità desiderata. Il pregiudizio razionalista presuppone la possibilità di carpire un luogo con il solo sforzo intellettuale, attraverso una prospettiva cerebrale e volontaristica. Ora, da turisti o viaggiatori, siamo tollerati come residenti spiritualmente impegnati in un passaggio più o meno lungo, ma mai alla maniera viscerale di un nativo.

Senza dubbio, una simile missione, una simile conversione e un simile sacerdozio si includono e producono degli effetti. Ma credo meno alle certezze ottenute grazie alla durata del soggiorno piuttosto che alla sua intensità e alla qualità d'artista dell'osservatore nomade. Un buon viaggiatore palesa una capacità di registrare le minime variazioni, è sensibile ai dettagli, all'informazione microscopica. Roland Barthes, con la sua sensibilità da senza pelle, con il suo temperamento da sismografo, con il suo spirito vivace e la sua intelligenza affilata, anche ignorando del tutto la lingua e restando poco tempo sul posto (ottantacinque giorni su un totale di tre soggiorni), coglie più e meglio il Giappone rispetto agli specialisti debitamente laureati in lingue orientali, che hanno studiato l'evoluzione del segno nella letteratura del periodo Edo o hanno soggiornato in un quartiere popolare di Kyoto. E che dire di un Claudel la cui poesia coglie l'Oriente fino al midollo, ignorando del tutto il cinese e il giapponese, benché sia stato diplomatico in Estremo Oriente per quattordici anni e ambasciatore di Francia a Tokyo per sei? L'occhio istintivo dell'artista vale più dell'intelligenza cerebrale di coloro che lavorano sul concetto.

Il viaggiatore ha bisogno più di un'attitudine alla visione che di una capacità teorica. Il talento nel razionalizzare è meno utile della grazia. Quando lo possiede, il nomade artista conosce e vede come un visionario, comprende e coglie senza spiegazioni, per impulso naturale. Pratica ciò che, secondo le categorie spinoziane, si potrebbe definire la conoscenza di terzo genere, quella che si nutre di intuizioni e della penetrazione immediata nell'essenza delle cose. In questo caso, la realtà impregna, attraverso la capillarità, il viaggiatore che sa cogliere Un'intera vita da esule non sembra utile; l'illuminazione rende talvolta accessibile un epicentro che resta oscuro al pellegrino sprovvisto di dono. Tutti coloro che si trovano in transito, gli scrittori di viaggio, gli artisti del nomadismo sperimentano quest'evidenza, dal momento che vivono come illuminati, arsi vivi, abbaglianti.

E così vale per il poeta, il visionario per eccellenza, laddove altri si accontentano di rimanere nella posizione dell'osservatore. Il suo talento fa a meno delle tergiversazioni del mandarino, ignora le penose lentezze del letterato e supera in qualunque luogo il dotto invischiato nei rimandi che gli impediscono di accedere all'evidenza. Alcuni interpongono troppe cose tra il mondo e la propria soggettività: troppi rimandi, troppe letture, troppo scartabellare cultura, troppe citazioni, troppi articoli; altri, nutriti di questi saperi, sanno, dopo essersene nutriti, allontanare con la mano il cono d'ombra tracciato dalle biblioteche e dagli archivi. Nei termini di un Niccolò Cusano, il viaggiatore artista ci guadagna praticando la dotta ignoranza. Il poeta ne fa potentemente uso.

Se vogliamo seguire l'insegnamento della poesia, dimostriamo una familiarità con il caso oggettivo caro ad André Breton: rendersi disponibile agli eventi al fine di suscitare e sollecitarne l'avvento, mettersi a disposizione del mondo affinché sopravvenga un segno e sorga un'epifania pagana, aprirsi al reale per penetrarlo alla maniera di un frutto deciso a donarsi, convinto della necessità di offrirsi. Predisposto, questo viaggiatore toccato dalla grazia mette il suo corpo a disposizione dell'ineffabile e dell'indicibile che, trasformati in impulsi, in emozioni, diventano in seguito senso e finiscono in parole, immagini, icone, disegni, colori, tratti: in traccia che trasfigura l'effervescenza di un'esperienza in incandescenza espressiva.

Di qui la necessità di un occhio attento, di uno sguardo acuto, di una percezione da predatore. È l'aquila nietzschiana a fornire la metafora. L'ampliamento del corpo è necessario all'esercizio del viaggio. Perché la carne deve mettersi a disposizione del mondo, registrarne le minime variazioni, partire alla ricerca del più piccolo dettaglio percettibile attraverso la pelle, un sensore olfattivo, una particella del cervello proiettata dal nervo ottico, una superficie tattile, delle papille, un padiglione auricolare e la sua coclea. L'anima materiale deve andare incontro al mondo che si manifesta in maniera atomica, in virtù della modalità di propagazione immanente dei simulacri. Il viaggiatore se ne nutre, li cerca e li bracca, incombe su di loro e li caccia: il reale in tutte le sue forme, ecco la sua preda.

Quando ci collochiamo sotto la tutela dei poeti, degli illuminati, degli ispirati, se non addirittura dei folli, dei mistici arsi nella loro attesa, è inutile dare considerevole credito agli apostoli della conversione domiciliare, ai turiferari dei tempi lunghi, ai venditori di dialetti, ai preti della vita trasfigurata e vissuta come teatralizzazione della propria esistenza nel segno del cambiamento d'identità: non rinunciamo al nostro temperamento, non evitiamo il nostro carattere e le nostre radici. Ed esaltiamo principalmente ciò che, in noi, trema e si elettrizza, si muove e si carica di energia, fa oscillare l'ago del sismografo, piuttosto che ciò che domanda, al solo cervello, di lavorare.

Non ci dividiamo dal nostro essere, che dimora in noi e ci perseguita come un'ombra inseparabile. Nei viaggi, questo essere vuole e vede, comanda e decide. Non ci spogliamo affatto, come fosse una pelle o una muta, degli orpelli della nostra cultura e della nostra civiltà. Possiamo al massimo aggirarla, prenderla alla sprovvista, in tutta la sua potenza, in ciascuno di noi, con un fiuto da volpe, un olfatto da cane, una vista da civetta, uno sguardo d'aquila, un ventre liscio da serpente che striscia ondeggiante al suolo, a contatto con la terra. Quando siamo sul posto, ci guadagniamo nel rinunciare ai libri e ai documenti, alle parole e alle pagine consultate a monte, e da consultare a valle. E ci distinguiamo nel sollecitare la bestia che è in noi, ciò che del mammifero sussiste in noi, e si ricorda degli antichi tempi preistorici durante i quali il nomadismo imponeva un corpo competitivo, energico, flessibile, mordace. L'animale sguinzagliato, il corpo materiale, l'anima atomica, gli organi dei sensi, il simulacro fisico, la grazia fisiologica: questi sono gli strumenti del poeta e dell'artista che il viaggiatore dovrebbe attivare.

Per inventare un'innocenza efficace, e sempre per quanto riguarda la forma del viaggio, si tratta allo stesso modo di disfarsi e liberarsi da una visione reazionaria che prima lo presupponeva possibile mentre ora lo proclama impossibile. Prima di cosa? Prima del cambiamento del mondo, prima della mondializzazione, della globalizzazione, della pretesa uniformizzazione del pianeta, prima della modernità. Questa presa di posizione deriva infatti dal credere in un'età ideale, in un tempo prima del tempo, in cui il viaggio avrebbe potuto permettere l'accesso diretto e senza indugio alla verità del paese visitato. Ricalca l'antica idea, rintracciabile già molto presto in Esiodo, di un'età dell'oro, poi di un'età del bronzo, infine di un'età del ferro, tutte distinzioni utili per rafforzare un pensiero della decadenza, per invitare alla restaurazione, e contemporaneamente anche alla critica e all'odio del presente.

Il discorso decadentista riduce la possibilità del viaggio soltanto ai pionieri. È, d'altra parte, un topos comune a tutti i racconti di viaggio, o quasi, quello di sognare un'epoca anteriore alla penetrazione straniera nel paese visitato, un'epoca di purezza preservata dalla contaminazione eterogenea del cosmopolitismo e dalle influenze sopraggiunte a corrompere e a sporcare. Si potrebbe fare un'antologia di compianti solo con le considerazioni degli scrittori viaggiatori disperati per il fatto che Roma non è più a Roma. Pensiamo al mezzo secolo di recriminazioni di un Théodore Monod, a proposito del deserto sfigurato dagli uomini.

La modernità avrebbe avuto ragione del Diverso, nello stesso modo in cui si sarebbe procurata la pelle di Dio, dell'Arte, del Bello, del Vero, del Bene, e altre futilità altrettanto fittizie. In questo modo, con la scomparsa del Diverso a vantaggio del trionfo dell'Identico, il viaggio non sarebbe più possibile. Con una tecnica efficiente, dei motori competitivi, la velocità che genera culto, dei nuovi mezzi di trasporto, la diffusione dell'elettricità, un turismo di massa, un capitalismo planetario, delle nuove tecnologie di comunicazione, dei media che producono virtualità trionfanti, nient'altro sopravvivrà più come prima? La fine della storia, un tempo annunciata da un mediocre hegeliano, accidentalmente consigliere al dipartimento di Stato americano, avrebbe sprofondato la geografia negli stessi abissi? Resterebbe soltanto uno spettacolo desolante, che invita a constatare il nichilismo planetario e poi a sprofondare nella disperazione diffusa?

No, dal momento che la storia non è affatto morta, e vivrà fino a che gli uomini, o anche un solo individuo rifiuterà il dominio universale di una nazione dalla moneta forte o dallo Stato planetario. E se si individuano chiaramente segni di annullamento delle differenze, di soppressione del Diverso, avremmo torto a confondere i movimenti fluttuanti della storia e la permanenza indicizzata della geografia lungo la continuità geologica. In modo quanto mai evidente, tutte le grandi città del pianeta si somigliano in modo impressionante. Ma la realtà del pianeta non si riduce solo a esse. Pensare il mondo senza la popolazione rurale e senza i paesaggi, è questa la visione e l'ossessione dei metropolitani. Perché il paesaggio dura, persiste, sebbene sia messo a repentaglio dagli uomini. E il Diverso vi risiede, nelle campagne, visibile e riconoscibile nelle epifanie naturali, lontano dagli artifici della cultura.

Il tempo passa, le civiltà si muovono, nascono, crescono, muoiono, conoscono un'ascesa e un declino, cadono, poi scompaiono, altre ne prendono il posto, più vitali, più attive, più forti, più adeguate. Che cosa ridicola voler congelare un luogo temporalmente individuabile in un'eternità inesistente! La Cina di Confucio non è quella di padre Huc, né quella di Segalen, di Claudel o di Simon Leys. E allora? Si tratta dello stesso luogo in tempi differenti. Come sfuggire a questa verità lapalissiana? Come si può desiderare l'apparizione di un luogo nella sola dimensione che gli sia vietata: fuori della temporalità?

Solo i fantasmi sovrintendono il desiderio di una storia stabilita e indipendente dalle condizioni di esercizio del tempo reale. Sotto la schiuma della mondializzazione liberale e della globalizzazione economica persistono le correnti, le onde lunghe e profonde, le dinamiche degli abissi eternamente indotte dalla geografia e dalle sue energie telluriche.

La modernità fabbrica megalopoli tutte simili, non c'è dubbio, ma non riesce a sopprimere le geografie.

Chi potrebbe prefiggersi di viaggiare soltanto nelle capitali planetarie per cercare di entrare in relazione con una civiltà o coglierne la cultura? Chi avrebbe intenzione, per scoprire l'essenza di un paese, di mettere insieme Città del Messico e New York, Sidney e Buenos Aires, Shanghai e San Paolo, Calcutta e Il Cairo, Manila e Bangkok? Di certo, queste città, da sole, contengono quasi duecento milioni di abitanti, ma tutte sembrano dei cloni di una stessa città frammentata, poi disseminata in maniera aleatoria sul pianeta. La modernità ha ridotto la storia, ma risparmia la geografia.

I climi persistono, anche se violentati dagli uomini, così come le stagioni, i ritmi planetari e le alternanze cosmologiche, il tutto regolato come un sistema a orologeria con una perfezione e un'esattezza senza pari. La molteplicità dei venti e l'infinità degli astri, la tettonica delle placche e la deriva dei continenti, il movimento delle maree o il gioco dei solstizi e degli equinozi, il dislocamento delle montagne e lo scioglimento dei ghiacciai, l'erosione degli alvei fluviali e la direzione delle correnti marine, tutto ciò depone in favore di un tempo lungo e lento, geologico e geomorfologico, quello della meditazione e dell'interazione, all'unisono, delle anime. Alla maniera degli uccelli migratori, il cui orologio interno, il metabolismo e il magnetismo decidono dei loro movimenti, viaggiare presuppone mettersi in ascolto di ciò che, in sé, deriva dall'eternità del sistema solare e risiede in noi, nel più profondo delle nostre connessioni atomiche.

Infine, i difensori di una forma remota e obsoleta del viaggio fanno appello alla lentezza e maledicono la velocittà, causa di ogni male. Celebrano il passo dell'asino, il cammino a piedi, il dorso del cammello, il battello a ruota, la traversata degli oceani in piroscafo da crociera, la discesa di un corso d'acqua in chiatta, le carovane, le soste prolungate nelle locande, nei cascinali a guisa d'albergo, nelle case degli abitanti del posto, le interruzioni volontarie o involontarie del viaggio, un genere di sedentarietà riprodotta presso l'altro. Immaginano che così, prendendo tempo, prendendo il proprio tempo, possano compenetrarsi meglio, rimanerne impregnati, sperimentare un'empatia più autentica, dar vita a un incontro migliore. È chiaro che i difensori di questa ipotesi parmenidea detestano l'aereo, simbolo del peggio nella materia.

Io adoro l'aereo, che attende il suo Marinetti o il suo poeta futurista antifascista. Per la ragione che l'aereo ispira una nuova metafisica, contribuisce alla creazione di un modo altro di afferrare il tempo e lo spazio. Prima della sua comparsa, queste forme a priori della sensibilità kantiana si deducevano filosoficamente, dopo, queste si constatano in modo sperimentale: il tempo è spazio, velocità, spostamento, traslazione in un intermezzo, ma anche percezione corporea e soggettiva, sensazione individuale e personale. Nessun tempo assoluto, né idee di tempo in relazione con l'eternità, né numero di movimento, ma la pura coscienza di sé colta in durate variabili.

La velocità dell'aereo modifica la percezione dello spazio e contribuisce alla sua riduzione. Il pianeta diventa visibile, appare minuscolo, ne apprendiamo d'improvviso la totalità in un solo colpo d'occhio. Il giro del mondo non appare più un'idea impossibile, ma un progetto concepibile. La sfericità affascina, come simbolo della perfezione (pensiamo alla sfera parmenidea) come superficie senza piega, in cui tutti i punti scricchiolano a uguale distanza dal centro della terra, fuoco impetuoso e nucleo incandescente. Durante il volo aereo, sugli schermi a cristalli liquidi si susseguono carte che riducono lo spazio reale a un disegno in cui il verde delle terre e il blu dei mari sono separati dal filo rosso dello spostamento. Lentamente, per piccoli balzi successivi e punteggiati e per reptazioni a scatti, un piccolo aereo iconico si sposta, attraversa gli oceani, sorvola montagne, plana al di sopra di terreni pianeggianti, oltrepassa frontiere, ignora gli uomini e trapassa le nuvole, si apre un varco nel cielo, fende l'aria gelida, fila via nell'etere azzurro, puro e ghiacciato, scivola nelle tenebre spesse, scendendo a strapiombo su città tentacolari e luminose, con i porti disegnati dalla luminosità delle luci gialle o dalla stupefacente vibrazione notturna dei deserti invisibili. Sentirsi uomo nella carlinga di questo strumento trasformato in energia e in velocità trasforma l'anima sicuramente più della lettura dei Vangeli.

Sperimentiamo corporalmente l'unità del pianeta, la sua limitatezza, la sua totalità e la sua diversità. Il mappamondo delle scuole elementari e le carte appese nelle aule scolastiche della nostra infanzia acquistano chiaramente un senso. Mentre sono in volo, mi dico sempre che si dovrebbe insegnare la geografia ai bambini sugli aerei, conducendoli gratuitamente da un luogo all'altro, per dar loro l'occasione di vedere il campanile di un villaggio natale, di constatare la ripartizione della loro città, di conoscere, con un solo colpo d'occhio, il suo disegno tracciato nella campagna intorno, di seguire con lo sguardo il letto di un fiume, di un greto, di un corso d'acqua, di vedere trasformati in specchi densi e luminosi gli stagni, i laghi, i mari in cui si riflette il sole. Lezioni di geografia per imparare ad amare il proprio paese in modo viscerale: allo stesso modo di Michelet, che ne traccia un meraviglioso ritratto nelle sue superbe pagine sulla Francia.

L'aereo, ce lo insegna la fantasia alata di Luciano di Samosata nell'*Icaromenippo*, dispensa lezioni di geografia: tutto ciò che da terra appare esteso, vasto e rilevante diviene in aria minuscolo, limitato, irrisorio e insignificante. Come fanno certi a credere essenziali le loro piccole storie, le loro piccole questioni quando tutto, visto dal cielo, diventa d'improvviso angusto, indifferente? Una lezione di saggezza all'antica. L'aereo edifica sul terreno metafisico e analogamente su quello filosofico: ci sentiamo di colpo un frammento di un grande tutto, un brandello irrisorio di una meccanica potente che ci contiene e ci eccede. Una saggezza di tipo panteista e pagana: apprendiamo di questa terra e dei suoi elementi, ma di nessuna nazione. La storia scompare, troppo attenta alle peripezie locali, a vantaggio della geografia, familiare a durate indefinite e magnifiche lentezze.

E poi l'aereo dà anche una lezione tecnofila: con lui, infatti, le costrizioni della natura spariscono sotto gli effetti congiunti dell'artificio voluto dagli uomini. Il battello contrasta la superficie piana degli oceani, il sottomarino quella dei fondali, degli abissi, l'aereo si prende gioco della resistenza dell'aria, il treno, l'automobile ignorano gli imperativi e gli imponderabili della terra:

tutti gli elementi trovano nel corrispondente artificio materia di superamento, di negazione. La potenza degli uomini si manifesta nel motore che rende liberi e permette di eludere le ispezioni a bordo. Nell'abitacolo di queste macchine da guerra lanciate contro l'impero della natura, sperimentiamo il godimento moderno a contatto con un nuovo sublime.

In sostanza, l'aereo libera dagli ostacoli climatologici, stagionali, geologici, storici, politici. Permette, nel più breve tempo, di sfuggire al rigore dell'inverno quando desideriamo il calore dei tropici, di farla finita con le lunghe notti che seguono all'equinozio d'autunno se aspiriamo a giornate senza fine, di sfuggire a una dittatura, a una tirannia, a un regime autocratico, di prendere le distanze da regioni pericolose dove imperversano le colate vulcaniche, terremoti ricorrenti, le catastrofi dovute alla siccità, alla pioggia, o ad altre follie climatiche. Ogni punto del globo diventa immediatamente accessibile e mette la volontà in grado di trionfare sulle resistenze.

Per tutte queste ragioni, io amo l'aereo. Ma amo allo stesso modo gli altri mezzi di trasporto che trasformano il corpo in un proiettile lanciato, a più o meno grande velocità, sulla superficie della terra, nell'atmosfera o sui mari, se non sotto di essi... In questo secolo appena terminato, la velocità segna e identifica la nostra modernità. Dà conto della rivoluzione informatica, della globalizzazione, del cosmopolitismo, impregna le visioni del mondo, le etiche, le metafisiche, le politiche, addirittura le religioni o le spiritualità riformulate oggigiorno: l'istante diventa l'unica modalità del reale. La perdita di punti di riferimento nel passato e nel futuro costringe al solo godimento nell'attimo immediato. Che lo si voglia o meno, è così. Un elogio reazionario della lentezza obbliga a incoraggiare la nostalgia, a esercitare la passione facile per il ricordo e a coltivare l'angoscia del futuro.

Prendiamo piuttosto atto di questa rivoluzione per desiderarla, amarla e farne ciò che permette al meglio. Non fustigare l'aereo che trasforma il viaggio di un tempo e allo stesso modo non lo rende più possibile, ma esaltare questo nuovo strumento che genera un altro tipo di viaggiatore. Tanto più che il cammino a piedi o a dorso d'asino restano possibili per i nemici della velocità. Da Stevenson a Lacarriére, esistono sempre dei feroci difensori della misura del tempo col passo animale o umano, e tanto meglio. L'opportunità offerta dalla modernità sta nella possibilità di scegliere il proprio rapporto col tempo, perché non obbliga affatto. Al contrario del passato, giustamente, che era costrittivo in virtù dei suoi limiti. Montaigne a cavallo, Rimbaud a piedi, Morand in battello, Cendrars in treno, Bouvier in auto, Chatwin in aereo, ovviamente, ma nessuno impedisce a Kenneth White o a Guido Ceronetti di camminare, come a Théodore Monod di scegliere il viaggio a dorso di dromedario…

I nemici della velocità avionica criticano allo stesso modo il telefono, fisso o cellulare, il telefax, il computer portatile, la posta elettronica, colpevoli, anch'essi, di aver affrettato la morte del Viaggio. Ora, alla pari dell'aereo, queste nuove tecnologie non impediscono affatto di viaggiare, al contrario, permettono di spostarsi in altro modo, diversamente, meno divisi dai propri cari.

Sono utili per fissare vertigini, formulare impressioni, mettere in parole delle emozioni. Comunicare presuppone il dominio di queste macchine, e non l'inverso. Condannabili quando suscitano nuove schiavitù, incapacità di godere del presente all'estero, diventano prodigiose quando si tratta di condividere e di offrire ai nostri cari cartoline sonore, frammenti di viaggio, scampoli d'affetto dispensati da impulsi digitali dall'altro capo del mondo, nonostante l'assenza e al di là della distanza.

Non più di quanto la lettera di Flaubert o la cartolina di Artaud impedissero il viaggio in Egitto o in Messico, la telefonata dalla Gaspesia per condividere la risalita delle balene alla foce del San Lorenzo o la posta elettronica per raccontare l'architettura di Brasilia a un'anima amata non escludono la presenza effettiva nel Quebec o in Brasile. La velocità di scambio delle informazioni, quella dei trasporti, dei trasferimenti e delle traslazioni non hanno danneggiato l'essenza del viaggio, ma la sua forma remota. Nonostante ciò, le tecniche moderne rendono possibili le esperienze contemporanee, trasfigurano gli avvenimenti del viaggio, ne rendono possibili di nuovi. Le piastre di incisione di Vivant Denon non escludono le fotografie di Cartier-Bresson, e neppure le telefonate transatlantiche riescono a uccidere le pagine scritte, i racconti o le poesie. D'altronde, domani, se non addirittura oggi, un André Velter invierà, tramite posta elettronica, una poesia scritta nella piazza di Cluj, in una Romania impregnata dell'odore seminale dei tigli in fiore. E dopodomani, altre tecniche diventeranno gli alleati dei viaggiatori che resteranno, in ogni caso, artisti e poeti.

Incontrare la propria soggettività

Sé stessi, questa è la grande questione del viaggio. Sé stessi, e nient'altro. O così poco. Una quantità di pretesti, di occasioni e di giustificazioni, certo, ma, di fatto, ci si mette in cammino spinti soltanto dal desiderio di partire incontro a sé stessi nel disegno, molto ipotetico, di ritrovarsi, se non di trovarsi. Lo stesso giro del mondo non sempre è sufficiente a raggiungere questo faccia a faccia. A volte, nemmeno un'intera esistenza. Quante deviazioni, e per quanti luoghi, prima di scoprirsi in presenza di ciò che solleva un po' il velo dell'essere? I tragitti dei viaggiatori coincidono sempre, segretamente, con ricerche iniziatiche che mettono in gioco l'identità. Anche in questo, il viaggiatore e il turista si distinguono radicalmente, e si contrappongono definitivamente. L'uno cerca incessantemente e qualche volta trova, l'altro non cerca alcunché, e neanche lui, di conseguenza, ottiene nulla.

Il viaggio presuppone una sperimentazione su di sé che rivela esercizi consueti ai filosofi antichi: cosa posso sapere di me? Cosa posso apprendere e scoprire su di me, se cambio i miei luoghi abituali, i miei punti di riferimento e modifico le mie preferenze? Cosa resta della mia identità dopo la soppressione dei legami sociali, comunitari, tribali, quando mi ritrovo solo, o quasi, in un ambiente se non ostile, perlomeno inquietante, disorientante, angosciante? Cosa rimane del mio essere dopo il venir meno delle appendici gregarie? Il quid del nocciolo duro della mia personalità di fronte a un reale senza rituali o cospirazioni costituite? Il grande giro del mondo permette di ritrovarci, noi stessi, così come in noi stessi l'eternità ci preserva.

Precisiamolo, perché tutta la filosofia occidentale classica si inganna a tal proposito: l'io non è affatto detestabile. Né da venerare, ma semplicemente da considerare, nel senso etimologico, o per meglio dire degno di considerazione. Né odio, né celebrazione di sé, ma una giusta stima che permetta di lavorare sul proprio essere come su un oggetto estraneo, su una pietra informe in attesa del momento delle forbici o dell'ora dello scultore. Ogni viaggio è iniziatico e, allo stesso modo, un'iniziazione non cessa di essere un viaggio. Prima, durante e dopo si scoprono delle verità essenziali che strutturano l'identità.

Non amo il viaggio di quelli che si puniscono e usano il proprio io come un animale da domare. Si spostano per espiare la propria esistenza e trasportano il proprio malessere per cercare di disfarsene. Chiaramente, senza successo, perché non ci si separa dalle proprie parti maledette e dalla propria negatività come dalle vecchie scaglie diventate caduche sulla pelle desquamata di una lucertola. Queste persone vagano e portano la loro anima in pena alla maniera di una croce, di un fardello. Si infliggono sofferenze, pene, ferite, aspirano alla piaga nel fianco e al sangue sulla fronte, quindi al colpo di lancia al costato. Tra questi fanatici del cilicio, ci sono gli sportivi in debito di prestazione: attraversare l'Atlantico a remi, fare il giro del mondo in bicicletta, camminare per centinaia e centinaia di chilometri sotto i venti furiosi dell'Antartide, o in un ambiente ostile e pericoloso, godere delle spedizioni in condizioni estreme e altre variazioni sull'odio di sé.

Altri compiono il pellegrinaggio a Santiago de Compostela in ginocchio, ma lo spirito resta: chiedere al proprio corpo di andare al di là dei propri limiti, estrarne sudore, sangue, lacrime, piaghe, croste e altre amenità mediche: dissenterie, ulcere, bubboni, vesciche, escoriazioni, graffi, punture, purulenze, infezioni. Piedi e mani gelate, visi bruciati, arti tetanizzati, un corpo anchilosato, allucinato dalla mancanza di sonno o dall'insufficienza di cibo, i racconti dei viaggiatori sportivi abbondano di note e considerazioni di questo genere. Gli amanti di sensazioni molto più che forti, che mettono alla prova il corpo secondo il principio della punizione, trasfigurano il viaggio in una via crucis. Io non amo le vie crucis...

Il viaggio deriva più dall'invito socratico a conoscersi che dalla salita al Golgota. Il dolore non presenta alcuna utilità in questo processo di scoperta di sé. Rivolgendo la pulsione di morte contro noi stessi e cercando di trasfigurare questo movimento in un'estetica della sofferenza, non arriviamo a sapere nulla di essenziale sulla nostra natura intima. È sufficiente la negatività nelle dosi inoculate naturalmente dal reale, per non aver bisogno di aggiungere altro a questa energia oscura e dannosa. Nella maggior parte dei casi, nel viaggio-prestazione la sfida nasconde male le intenzioni masochistiche di un'anima in pena, o piuttosto di un inconscio sofferente. Il piacere dato dai morsi delle migali, dei serpenti velenosi, dalle piante vescicanti, dai deserti pieni di pericoli, dagli insetti tossici, dalla sporcizia, dal lerciume, dagli elementi ostili deriva da una logica esasperata tipica dei commando militari o delle celle monacali.

L'impresa socratica non necessita affatto dell'uso di sé come di una cosa, di un oggetto avverso. Al contrario. La stima di sé, da non confondersi con l'amore, la venerazione o la compiacenza nei propri riguardi, attecchisce sotto i migliori auspici, agli antipodi dell'ideale ascetico. Né rifiuto, né celebrazione di sé, ma saggio giro del mondo per giungere a una giusta conoscenza della propria intima identità. Il viaggio illustra «la casuistica dell'egoismo» nietzschiana, conferisce un contenuto tangibile alla dietetica dei piaceri e permette la confusione dell'etica e dell'estetica. Infatti, riassume la possibilità di un'estetizzazione dell'esistenza nelle circostanze incarnate. In questo modo, entra nella composizione di un'ascesi metafisica e conduce sulla via che porta all'appropriazione gioiosa e appagante della propria vita.

Al centro del viaggio, non individuiamo nient'altro che l'io. Montaigne offre un esempio esplicito di questo egotismo del nomade: a Lucca o a Roma, a Loreto e a Venezia, ad Augusta o a Costanza, il filosofo resta al centro di sé stesso, con un'insistenza impossibile da sradicare. E l'epicentro di questa identità è il corpo, la carne del viaggiatore: i suoi calcoli, i suoi reni, il suo mal della pietra, le sue fatiche, i suoi bagni, le sue bevande, il suo nutrimento, il suo sonno. Intorno, il mondo si organizza, dà spettacolo di sé, si mostra e si racconta, ma come i pianeti in gravitazione attorno a un astro che occupa il centro, come un re.

Evidentemente, non evitiamo la nostra stessa compagnia. Per alcuni, la peggiore. Ciò che l'anima imbarca alla partenza si ritrova, decuplicato, all'arrivo: dolori e ferite, noia e sofferenze, patimenti e malesseri, afflizioni e malinconie si amplificano durante il viaggio. Non troviamo guarigione facendo il giro del mondo, al contrario, esacerbiamo i nostri malesseri, scaviamo i nostri abissi. Lungi dall'essere una terapia, il viaggio definisce un'ontologia, un arte dell'essere, una poetica di sé. Partire per perdersi aumenta i rischi, diventati considerevoli, di ritrovarsi di fronte a sé stessi, o peggio: di fronte alla parte più terribile di sé stessi.

L'io non si dissolve nel mondo, lo colora, gli offre le sue forme. Il reale non esiste in sé, in maniera assoluta, ma solo in quanto percepito. La qual cosa presuppone, evidentemente, una coscienza che lo possa percepire. Questo filtro, attraverso cui passa il mondo, organizza la rappresentazione e dà origine a una visione. Per sua essenza, l'essere del mondo deriva dall'essere che lo osserva. Il viaggio teatralizza questa operazione metafisica, accelera quest'alchimia dell'avvento. Ora, dietro ogni frammento distaccato del mondo, si trova un corpo che gli conferisce l'esistenza in generale e le sue proprietà nel particolare. In virtù della lontana teoria umorale degli antichi, la sovrabbondanza di bile nera in un individuo eccederà e inonderà il mondo che dovrà attraversare. Ovunque lui si troverà, la nota dominante sarà cupa e di una profonda oscurità.

Non viaggiamo per guarirci da soli, ma per temprarci, fortificarci, sentirci e aver coscienza di noi stessi in modo più sottile. All'estero, non siamo mai stranieri a noi stessi, ma sempre più intimi, più pressanti, più avvinghiati alla nostra ombra. Di fronte a noi stessi, più che mai costretti a guardarci, se non a vederci, precipitiamo in maniera più profonda verso il nostro centro di gravità tanto l'altro ci manca per distrarci dalla nostra presenza forzata. La destinazione di un viaggio non cessa di coincidere con il nucleo infrangibile dell'essere e dell'identità. Dietro l'arsenale toponimico delle carte geografiche, si celano incredibili variazioni sul tema della soggettività.

Fuori dalla nostra casa, nell'esercizio periglioso del nomadismo, il primo viaggiatore incontrato siamo noi stessi. Continuamente, in ogni angolo di strada, in ogni recesso, ai crocevia e nelle piazze, nella città o nei deserti, all'ombra o alla luce, su tutte le piste e in tutti gli accidenti del paesaggio, ovunque e sempre il nostro personaggio va questuando l'ordine intimo. Sullo scenario terrestre, vagano anime in pena alla ricerca di un corpo da abitare per sempre, nella pace e nella serenità ritrovate. Intorno al globo si giocano queste operazioni di reificazione permanente. La peregrinazione condivide i propri segreti con la demiurgia. Perché l'estraneità del mondo condanna a essere appagati dalla familiarità più immediata, quella che ognuno intrattiene con i propri recessi.

Il nostro io si confonde con la nostra lingua, i nostri ricordi, la nostra storia e la nostra memoria, quintessenzia le nostre abitudini e si dissimula nelle pieghe del corpo. In un paese inconsueto, la bestia inquieta che è in noi prende il sopravvento, sente una voce incomprensibile, si lancia in evoluzioni in uno spazio sprovvisto di punti di riferimento, sperimenta la differenza, la grande differenza che isola, recide e separa, per poi mettere da parte ed escludere. In cima al mondo, al fondo degli abissi, in mezzo ai deserti e all'oceano, l'io conduce ancora il gioco, più che mai. Tragicamente, l'essere non può eccedere l'identità che lo contiene. All'estero, questa identità fluttua, senza appoggi, senza punti di riferimento. Attende la rocca dove baratta la sua erranza nomade con un artificio che permette lo schizzo di una sedentarietà abbozzata.

Sul suo tragitto, incontriamo un altro che, con ogni probabilità, non rivedremo, un'alterità gratuita, una pura alterità. Il gran numero di relazioni contratte al di fuori del nostro territorio abituale si disciolgono, evaporano nel calore e nel frastuono del ritorno al mondo comune. Qualsiasi intersoggettività si colloca di conseguenza sul terreno dell'artificiosità, della contingenza, di ciò che sarebbe potuto non avvenire. E in questo modo possiamo scoprirci senza doveri sociali, senza obblighi politici, nel senso letterale del termine, nudi di fronte a un essere che suscita l'esercizio della parola e del segno senza domani. In questo gioco con un tempo sospeso, dei frammenti d'inconscio di solito sopiti riaffiorano in superficie e provocano degli effetti: angoscia o entusiasmo, terrore o fuga, arretramento o effusione, piaceri centripeti o desideri centrifughi. In ogni caso, una dinamica agita intensamente l'anima e le impedisce il riposo.

Viaggiare conduce in modo inesorabile verso la propria soggettività. Spezzettata, frammentata, sparpagliata o coesa, in blocco, finiamo sempre per trovarci di fronte a noi stessi, come davanti a uno specchio che ci esorta a fare il bilancio del nostro percorso socratico: cosa ho appreso di me? Cosa posso sapere con più sicurezza rispetto a prima della partenza? I filosofi dell'antichità greca conoscevano la funzione formatrice dello spostamento. Tutti hanno solcato il bacino mediterraneo, abbandonato l'Europa per l'Africa, viaggiato in direzione del Vicino Oriente, e in seguito verso l'Estremo Oriente: la Libia, poi l'Egitto, la Mesopotamia, e dopo la Cina, se non addirittura l'India. La Grecia, matrice del nostro continente europeo, attinge a quest'acqua del Mediterraneo, su cui sono stati condotti ad Atene l'astronomia, le scienze matematiche, la filosofia, il commercio, la poesia, la geografia, la geometria, l'architettura e il monoteismo.

Pitagora, Democrito e Platone costruiscono l'Occidente, diffondendo le cifre e i numeri egizi, dispiegando le carte celesti caldee, plagiando le saggezze gimnosofiste indiane o etiopi, dissertando sulle cosmogonie mesopotamiche, recandosi dai cirenaici nei pressi del deserto libico, mettendo a frutto gli insegnamenti probabilmente ricevuti in Cina. La virtualità informatica contemporanea accusa più lentezza delle imbarcazioni che attraversavano il mare che bagna Roma e Atene, Alessandria d'Egitto e Cartagine, Beirut e Genova. Le reti dell'epoca funzionavano grazie a una velocità di trasmissione dei dati considerevole, gli uomini circolavano liberamente insieme ai beni, alle ricchezze, ma anche alle idee. Viaggiare presupponeva allora imboccare questi corridoi, unirsi alle energie che irroravano il territorio mediterraneo a partire dai paesi vicini e dalle culture circostanti. Andare da un punto all'altro, ieri come oggi, rileva più per l'esperienza ontologica e metafisica misurabile dai filosofi, dai poeti e dagli artisti che per l'esperienza storica o geografica quantificabile da Braudel. Al di là della storia quantitativa, appare, fragile e inedita, una geografia poetica.

Intermezzo II

Ritrovare un luogo

Dopo il tempo ascendente del desiderio, e poi quello esaltante dell'avvenimento, arriva il tempo discendente del ritorno. Non si dà viaggio senza ricongiungimento a Itaca, che conferisce senso anche allo spostamento. Perché l'esercizio incessante del nomadismo esulerebbe dai limiti del viaggio, per entrare nell'erranza permanente, nel vagabondaggio. Perfino i nomadi praticano un genere di sedentarietà, perché praticano percorsi abituali, si radicano nell'abitudine di uno spostamento, sempre lo stesso, e poi usano ugualmente dei punti di riferimento, cespugli essiccati, ammassi di pietre, solchi e orme lasciate da animali, leggono sempre allo stesso modo le mappe delle stelle e quelle dei movimenti del sole, ma anche perché si recano in luoghi in cui hanno le loro abitudini, le loro pratiche tribali e rituali nell'arte di occupare terre.

La continua sedentarietà non mi renderebbe più felice, il nomadismo perenne non mi entusiasmerebbe di più: le radici, il locale, la vita in un luogo sempre uguale da tempo non si possono affrontare senza ricorrere regolarmente a degli spostamenti in ogni parte del pianeta.

Non potrei vivere, lavorare, abitare nella provincia della Bassa Normandia, e soprattutto evitare Parigi, se non grazie alla possibilità costante di andare e tornare attraverso l'Atlantico, il Mediterraneo, l'Africa e l'Europa. Tra la fissità delle patelle e la follia furiosa dei parameci, possiamo aspirare allo spostamento animale, certo, tra il passo felpato della belva desiderosa di vita intensa e violenta e il lungo volo libero dell'uccello, assetato d'ebbrezza, nel cielo. Non mi si addicono né l'esistenza bloccata alla maniera di una farfalla costretta da uno spillo nell'estasi entomologica, né la vita instabile e vacillante della quotidianità priva di destinazione; io concepisco il viaggio come un momento all'interno di un movimento più generale, e non come un movimento a sé stante.

Tanto più che il ricongiungimento alla propria casa conferisce un senso, il suo senso, al nomadismo. E viceversa. L'alternarsi di andate e ritorno permette un'autentica definizione dell'abitare cara a Heidegger. Come vivere il luogo della residenza eletta, delle abitudini, del rituale e dei punti di riferimento? In che modo riallacciarsi nell'artificio e secondo i principi della cultura con le forze comportamentali classificate dall'etologia? Quali relazioni intrattengono la casa e la tana, la superficie di un appartamento e il territorio demarcato dalle deiezioni di un animale? Quale prossimità esiste tra ciò che accade dietro la porta, dopo il giro di chiave al ritorno, e la sistemazione troglodita di un mammifero terrestre?

Perché l'abitazione non si confonde con l'occupazione pura e semplice di un luogo. Non basta disporre qualche indumento, qualche effetto personale in uno spazio per farne una dimora. Nell'atto dell'abitare si concentrano pratiche d'archivio quotidiane, certo, ma si articolano ugualmente abitudini, rituali senza i quali l'angoscia non si esorcizza affatto, anzi perdura, e in seguito tormenta il corpo e l'anima. Soggiornare in modo passeggero non significa affatto dimorare, né tantomeno aver stabilito la propria dimora. D'altra parte, l'etimologia ci informa che esiste chiaramente una relazione intima tra lo stabilire la propria dimora [*demeure*] in un luogo preciso, il dimorare [*demeurer*] in qualche posto in modo ricorrente, l'essere messi in mora [*en demeure*], o l'essere qualificati come ritardati [*demeurés*]: ogni volta siamo in ritardo. Per affrontare una partenza, per ripartire, per saldare un debito o per destarci all'intelligenza.

Abitare significa dunque indugiare attorno al focolare, alla maniera preistorica, vicino al fuoco che riscalda, che allontana il pericolo delle belve e protegge dalle intemperie. Dicendo abitazione, comprendiamo anche il giaciglio degli animali nascosti alla vista dei predatori e al riparo dai rischi incorsi nella lotta consustanziale al fatto di vivere in uno stesso spazio. Il giaciglio ha molti punti in comune con il covo, il riparo, la tana, il rifugio. Qui l'etimologia ragguaglia di nuovo, perché evidenzia la prossimità con il giacere, l'essere disteso. Riposarsi, dormire, rimettersi in forze, se non disporsi per l'eternità nella posizione della figura giacente dei monumenti sepolcrali, incorruttibile, pietrificata nel marmo della morte, per sempre simile a sé stessa.

Ritrovare il luogo in cui generalmente abitiamo permette, talvolta, alla maniera di un Littré lessicografo abile nelle ipotesi, di confrontare habitus, abitudine, abitazione, abitare. La dimora indica il luogo dove i rischi sono minori e dove si posano a terra armi e bagagli, ciò che solitamente è d'ingombro. Lo dicono le leggi dell'ospitalità: sotto un tetto, si dà protezione. Dopo il viaggio, il movimento, l'esaltazione, il ritorno a casa (a sua volta irrigidita nell'etimologia del «restare») autorizza il recupero delle forze e delle energie dispensate. Questo frena l'isteria del movimento che, altrimenti, porterebbe a un moto rotatorio senza fine.

Non ritornare mai, andare sempre in giro, produrrebbe un'ebbrezza da derviscio. Girare il mondo come un libertino presuppone in seguito il pensarlo come un benedettino. La casa equivale a una cella monacale, tanto quanto una tana. È organizzata intorno alla biblioteca, alle carte, alle note, agli archivi, ai quaderni, ai taccuini, alle schede, agli abbozzi di scrittura. Ma anche attorno a ciò che Charles Fourier definisce una passione fulcrale una figura, una persona attorno alla quale si organizza il focolare e che mantiene vivo il fuoco mentre sulla sfericità terrestre si appaga una pulsione cacciatrice e nomade, dinamica e imperiosa. Ritornare a casa permette di recuperare lo stato d'animo degli individui che raggiungevano la caverna dopo essersi imbattuti, in una natura inquietante, mammut, cervi, bisonti e renne, un pericolo per loro.

Tutti i grandi viaggiatori ritornano al porto, al porto di partenza, dopo i «quaranta ruggenti»,[2] le peripezie planetarie, le fughe impervie e pericolose. Quando i vi-

[2] L'espressione «quaranta ruggenti» si riferisce alle latitudini comprese tra il quarantesimo e il cinquantesimo grado sud, percorse da forti venti da ovest. L'espressione è stata coniata dagli inglesi (*Roaring Forties*) all'epoca dei grandi velieri che passavano per capo Horn (*N.d.T.*).

chinghi scoprono l'America (molto prima di Cristoforo Colombo) abbandonano le coste scandinave, attraversano l'Atlantico, approdano nell'America del Nord, restano per qualche tempo e poi ripartono in direzione della loro terra natale. Allo stesso modo, i molteplici itinerari di viaggiatori impenitenti quali Victor Segalen, Ella Maillard, Nicolas Bouvier, Bruce Chatwin, Jacques Lacarrière, Kenneth White o Michel Le Bris non escludono in loro la serenità di un'abitazione, al contrario: Brest e Chandolin vicino Ginevra, Cologny in Svizzera, Sheffield in Gran Bretagna, Sacy in Borgogna, Trébeurden e Terenéz in Bretagna. Non ci si meraviglierà che nessuno di loro abbia avuto fissa dimora a Parigi...

Il luogo lasciato e poi ritrovato costituisce l'asse sul quale oscilla l'ago della bussola. Senza, non ci sono punti cardinali, né rosa dei venti, né possibilità di spostarsi e di organizzare la propria quadrettatura sulle carte del mondo. Su di lui oscilla l'acciaio che indica il nord magnetico e vibra, fragile. Senza, non vi è alcuna direzione, alcun andare, alcun ritorno possibile. Una cartografia senza indicazioni di direzione non presenta alcun interesse, non ha alcun senso. Neppure quando è sprovvista di una scala. Il domicilio opera come una bussola, a cui l'etimologia compara la forma originale, una piccola scatola: come la casa.

Stando a ciò che dice Pascal, solo Dio si può permettere il lusso di esistere come una sfera il cui centro è dappertutto e la circonferenza da nessuna parte. All'infuori di lui, per il privilegio legato alla sua condizione, nessun essere umano si muove sul pianeta senza un punto di riferimento o un picchetto piantato in terra, fisso e soggetto a essere ritrovato. La possibilità di perdere la bussola lascia percepire appena a che cosa corrisponda l'assenza di uno gnomone in un'esistenza o in un viaggio. L'erranza designa tanto l'asociale cronico quanto il malato mentale, e comincia quando viene a mancare il porto di partenza, l'ancoraggio. Senza l'ispezione del corpo, bisogna avere timore dello smarrimento definitivo dell'anima. Non sarà una lezione enunciata post mortem da Nietzsche?

Il mondo, dunque, vasto e ridotto al tempo stesso, l'io di ognuno al centro, il viaggio come invito a tracciare, per sé, una rosa dei venti, e poi la dimora per gettare le fondamenta e coltivare questa identità: ecco quindi qualche punto di riferimento in un cosmo a priori senza gioia. La geografia serve, in un primo momento, a elaborare una poetica dell'esistenza, a trovare delle occasioni per far funzionare il proprio corpo come una bella macchina sensuale, in grado di conoscere, esercitandoli, tutti e cinque i sensi, singolarmente o combinati, alla maniera della statua di Condillac che si fa odore e profumo in presenza d'una rosa. Una carta, una bussola, una scala, altrettanti strumenti utili alla conoscenza di sé e alla scelta dei propri movimenti. Al momento del trapasso, un'esistenza si riduce a un insieme di linee tracciate su una carta pergamenata.

Rientrare verso è anche ritornare da. In questo caso, si tratta di riallacciarsi all'intermezzo dell'andata, ma in un altro stato d'animo. Il vuoto di sensazioni e il pieno di ipotesi della partenza lasciano il posto al pieno di sensazioni e al vuoto di ipotesi: abbiamo visto, sentito, assaporato, toccato, abbiamo sperimentato il contatto di un reale vibrante e scintillante in tutte le sue luci. I ricordi lasciano il posto alle attese, le verità in un primo momento informi cancellano le congetture che ossessionavano lo spirito esaltato dalla prospettiva dello spostamento. Il primo intermezzo presuppone l'ignoto, l'altro, il compiuto. Da un'antica disponibilità riposta nelle vicinanze dell'aspettativa occorre trarre la nuova pienezza di un'effettiva scoperta.

Nell'intermezzo del ritorno trionfano il disordine, il caos, l'ebbrezza, l'abbondanza. Sperimentiamo la confusione e il miscuglio delle sensazioni, e poi l'incoerenza delle percezioni. Il godimento infligge i suoi sussulti nel bel mezzo della babele di informazioni accumulate da un corpo che ha funzionato a pieno regime. Dopo lo spettacolo meraviglioso dell'evento, la festa del reale, il ritorno intorbida le acque e richiede una vera decantazione. I cieli ingombri, plumbei, sovraccarichi, poi spazzati via dal soffio dello spirito, si ritraggono, lasciando il posto a un etere terso, limpido e chiaro. Nella fatica del ritorno si preparano le sintesi a venire.

Lo stato d'animo corrisponde a un'esitazione. Tutto, in blocco, grava e nulla si distingue ancora. Quale miglior ricordo? Quale lezione ci ricordiamo prioritariamente? Cosa abbiamo appreso su di noi, sugli altri, sul mondo? Possiamo, da ora, concludere, riassumere, sintetizzare due o tre idee essenziali, tre o quattro momenti importanti? In cosa ci scopriamo più ricchi, per aver percorso i paesaggi di un altro luogo rispetto al nostro quotidiano familiare?

O ancora: quale peggior ricordo? Quali brutte scoperte? Quali desolanti rivelazioni a leghe di distanza da casa? Quali tristi certezze? Tutti questi interrogativi attendono una risposta. Al momento del ritorno, l'ora dell'intermezzo attiene più alla necessità di esaurire la fatica che appaga il corpo, arroventato dalla tensione sensuale del viaggio, che all'urgenza di rispondere alle domande che affluiscono. Prima di incidersi nella memoria e di evaporare nell'inconscio, il momento esige il ritorno a dei ritmi più lenti, più calmi.

E poi rientrare significa decidere di non restare, dare a ciò che sembrava acquisito e definitivo, in questo caso la dimora, una nuova conferma, una convalida supplementare. A peregrinazione compiuta, la casa diventa un'evidenza. Le radici acquistano il loro significato quando l'efflorescenza è potuta sbocciare. In quel momento, constatiamo l'equilibrio dell'albero. Le sole radici sotterranee o il solo cespuglio frondoso, in fiore, o pieno di frutti sono privi di senso. Il radicamento legittima il nomadismo, e viceversa. Decidere di ritrovare questo insieme di rassicurazioni che crea la casa conduce a un armonia interiore. In particolare quando il viaggio scatena dei conflitti tra queste due variazioni della stessa istanza.

Per poco che si subisca l'affaticamento per il cambio di fuso orario, l'eco dell'altrove risuona ancora per un certo tempo nel vivo della carne. Indolenzimenti, dolori muscolari, anchilosi, gonfiori, ostruzioni, edemi, congestioni, il corpo conserva la memoria dell'evento in modo più sicuro del ricordo di superficie o della memoria manifesta. L'organismo e i suoi ritmi richiamano un altro tempo, non così distante da questo, eppure già molto lontano. Tempi in collisione, contabilità e calcoli confusi, groviglio di piani temporali e spaziali: dove sono? Che ore sono? Tutto converge verso una confusione dell'essere o verso un sommovimento esistenziale.

La stanchezza attraversa la carne, il sonno è disturbato, arriva troppo presto o troppo tardi, e poi risveglia i sogni e li nutre. Il sogno, che penso fornisca l'occasione dell'ordine e del senso in seguito liberati dalla mano sulla carta, si impossessa delle informazioni fornite alla rinfusa dal viaggio. Colori, profumi, suoni, parole, immagini, paesaggi, odori, emozioni, tutto entra in collisione nello spazio mentale delle notti profonde. I ritmi fisiologici si ricostituiscono nell'oscurità dei sonni ristoratori. Durante questo tempo, la carne patisce, gli organismi modificano il loro respiro, le rispettive cadenze, la pesantezza muscolare e intellettuale lascia il posto a una maggior leggerezza. La circolazione sanguigna, la pressione cardiaca, le nottate riorganizzate, il ritorno della socialità, tutto opera in favore della perdita del tempo trascorso, della sua riformulazione nella prospettiva di un tempo ritrovato. Sotto il tetto che protegge il momento del sonno, si tessono i fili di una storia prossima a solidificarsi, a cristallizzarsi. Molto presto, potrà presentarsi sotto forma di racconto logico e narrazione coerente. La chiarezza diurna si nutre senza soluzione di continuità dell'offuscamento notturno.

Dopo

Cristallizzare una versione

Per poter acquisire senso, il viaggio si arricchisce passando attraverso un'opera di condensazione o di compressione. Dal Diverso originario all'Uno definitivo, è necessaria un'ascesi intellettuale. Perché se non ne abbiamo cura, è la memoria a costruire noi piuttosto che l'inverso: ora, noi possiamo preferire che sia il lavoro della volontà a costituire la memoria. Ciò che non può stare in una forma netta e precisa si discioglie, scompare, si volatilizza. Il ricordo si elabora dalla secrezione di una gran quantità di scorie. La moltitudine di informazioni che investono il corpo non può reggere come tale. Il vaglio rigoroso scarta l'aneddoto per permettere alla mente di concentrarsi sull'essenziale: emozioni cruciali, percezioni cardinali. È allora che si può architettare un mondo.

Viviamo in un'epoca che rinuncia alla memoria. Tutto sembra contribuire a questo olocausto del ricordo. Gli antichi, risparmiati dalla sovrabbondanza di macchine a cui affidiamo l'incarico di ricordare al posto nostro, avevano sviluppato una quantità incredibile di procedimenti mnemotecnici, uno più straordinario dell'altro. Usando come appoggio la struttura delle stanze di una casa, o la loro disposizione facilmente memorizzabile nello spazio, i retori e gli oratori invitavano ad associare i punti forti di una dimostrazione ai canti, agli angoli, alle linee, ai volumi per poter semplificare l'insieme e avere a disposizione in modo permanente tutte le informazioni immagazzinate. Muovendosi grazie ai punti di riferimento forniti dall'abitazione mentale, ritrovavano, ognuno secondo il proprio passo virtuale, l'ingresso d'onore ai loro discorsi. In questo modo, memorizzavano una quantità incalcolabile di fatti e di gesti, di parole e di idee.

Al giorno d'oggi, i supporti cartacei, elettronici, magnetici e infine informatici detronizzano la materia grigia e le sinapsi coinvolte. Vaghiamo nell'universo a fianco di macchine superpotenti, ma dotati di un corpo indebolito, impoverito, incapace di elementari operazioni mnemoniche. Il corpo funziona sempre meno come un operatore sensuale e si meccanizza alla maniera della macchina semplicissima delle origini dell'ingegneria. Le nostre identità si formano con materiali poveri, ricordi scarni e rappresentazioni vuote. La rivoluzione metafisica in corso riguarda quest'uomo non presente a sé stesso, incapace di godere delle facoltà del proprio corpo: potenza dei sensi e nume dei ricordi.

La memoria si sforza, si esercita, si sollecita, vuole essere, altrimenti perisce, muore, inaridisce, avviluppata su sé stessa, e poi diventa una conchiglia vuota per un essere vano. La tipografia, la stampa, la fotografia, il cinema, il registratore a nastro magnetico, la calcolatrice, il computer aumentano senza dubbio le memorie artificiali, certo, ma allo stesso tempo riducono le possibilità mnemoniche dell'uomo. L'occhio vede meno, il naso e la bocca non percepiscono più, il tatto si assottiglia, l'orecchio regredisce, intontito dai continui rumori e dal parassitaggio dei decibel soverchi. Ormai, il reale appare nella sua unica modalità attuale, nell'istante puro, senza radici né prolungamenti.

Riattivare la fissazione delle vertigini, riprendere i nostri appunti, i nostri quaderni di schizzi, le nostre foto, i nostri biglietti, le nostre svariate carte, consultare di nuovo i supporti, ai quali abbiamo affidato le nostre impressioni, sollecita efficacemente la memoria. Ci rituffiamo nel guazzabuglio delle impressioni immediate sospese nel tempo per poterne liberare l'essenziale, facendo riaffiorare in superficie i frammenti di luce con cui si costruisce il ricordo. L'opera si annuncia e poi si enuncia in questo lavoro della volontà. Con il passato si prepara il futuro, in modo che il presente si ritrovi rafforzato, più denso, più coerente, più consistente. Mettere in ordine le tracce sblocca l'anima e le dà forma. Al ritorno a casa, sulla propria scrivania, i frammenti si affastellano. In quel momento, si tratteggia un segno netto, una linea esatta, un disegno sicuro.

La compulsione dei documenti può incrementarsi della narrazione fatta a terzi. Raccontare equivale ugualmente a organizzare. I griot africani, gli appassionati degli alberi delle parole nei villaggi subsahariani, i vecchi cantastorie, i cantori coriachi, gli sciamani iperborei trasmettono ordine e senso mentre si rivolgono all'uditorio, tenendo con il fiato sospeso gli individui riuniti intorno a loro. Gli dei e le loro storie, i riti e i loro sapori, le cosmogonie e i loro misteri, i miti e le loro ragioni attraversano le epoche, in tempi in cui la civiltà si riduce all'oralità, con il solo trasporto delle parole e dei verbi. Tracciare di nuovo un periplo reitera il periplo: dicendo una volta, viviamo due volte. Dire tre volte equivale a vivere quattro.

Nella narrazione, grazie e per mezzo di essa, la memoria prende in prestito dei percorsi che si fissano e assumono una forma prossima a divenire indelebile. Quasi sempre, quando un viaggio si elabora per la prima volta secondo un'abitudine, la vediamo riapparire in modo strano come una guida, un ordine, un'organizzazione rituale. Come per incanto, la connessione perdura, malgrado il passare del tempo. Con gran danno degli ascoltatori testimoni della storia raccontata a più riprese, le stesse parole, gli stessi costrutti, le stesse pause del respiro e addirittura gli stessi motti di spirito giungono nello stesso posto. La musica, il ritmo e la cadenza nei quali il diverso ha preso forma si fossilizzano al punto da costringere al ricorso a un filo conduttore, a blocchi di senso, a concatenamenti aneddotici. Il racconto si confonde con la storia, ne sposa la trama e la consistenza, la forma guida lo sfondo.

Alla maniera dei tempi in una composizione musicale, la proposta di una storia si chiude nella sua epifania: come un quartetto di Haydn (moderato, lento, vivace assai, fugato), una sinfonia di Brahms (allegro non troppo, lento moderato, allegro gioioso, poco meno presto, allegro energico e passionato, presto assai), o un pezzo di Dutilleux (incantatorio, lineare, ossessivo, torpido e fiammeggiante). La memorizzazione si realizza sul principio di una melodia, di una ripresa, di un tema ostinato, di una variazione, di una fuga, di un contrappunto. Musicare il reale lo obbliga ad apparire nei modi più facilmente tramandati.

Dopo averli raccontati due, tre o quattro volte, i dettagli, le peripezie e gli aneddoti si concatenano, si deducono, si richiamano, assicurano la coerenza dell'insieme. Parlare di un avvenimento (il viaggio, ma non solo) è incasellare e disporre in formule, raccogliere e scongiurare la dispersione, adattare il mondo a un modello matematico e rendere possibile il suo farsi poesia, in particolare producendo gli arabeschi e il barocco necessario entro i limiti stessi di un movimento (presentazione dei fatti, abbozzo di un enigma, drammatizzazione, tensione, risoluzione nella sospensione, accenno a vie d'uscita, conclusioni proposte a cascata). La poetica chiama la retorica.

Ridurre il diverso a una proposta formale permette di porre le basi di un romanzo logico, collocarlo in una meccanica concettuale, spirituale e metafisica in cui esso si evolve alla maniera di un animale avvicinato, ma mai rinchiuso. Nel gioco sciamanico, orale, retorico, teatrale, verbale, il diverso aperto del reale si concentra in un diverso chiuso, ripiegato su sé stesso, quello del racconto. Il ricordo nasce da queste operazioni di cristallizzazione e di chiusura, di solidificazione della materia, un tempo duttile e malleabile. Il verbo impone alla cera una scrittura privata e produce il documento o l'archivio suscettibili di compulsioni e consultazioni.

Infatti, l'esperienza deriva dal vecchio sogno mallarmiano: far sboccare il reale in un testo trasfigurare la vita in esperienze in grado di sfociare in un libro. La prosa del mondo, la scrittura di sé, la retorica mnemonica, la poetica della geografia si mescolano al fine di produrre un composto singolare, chimicamente puro: una memoria coricata nel marmo, piegata nel verso o colata nel bronzo. Soltanto l'esperienza scritta permette di rendere conto della totalità dei sensi. Gli altri supporti soffrono di indigenza nei confronti dei rivali: l'acquarello, il disegno, la foto afferrano il reale in una delle sue modalità (il colore, la linea, il tratto, il disegno, l'immagine) ma mai nell'interezza.

La poesia, come quintessenza del testo, ma anche la prosa, possono, in compenso, riportare e cogliere l'odore di gelsomino in un giardino orientale, la luce al di sopra di una città che si riflette nelle acque di un fiume, la temperatura tiepida in una foresta tropicale satura dei profumi di terra, di humus e di fogliame in decomposizione, il rumore di un ruscello attutito dall'afa e dall'umidità di un luogo simile. Solo il verbo circoscrive i cinque sensi, e oltre. Il tragitto conduce le cose alle parole, la vita al testo, il viaggio al verbo, il sé a sé. Nell'operazione che porta dall'universo infinito alla sua formula puntualmente e momentaneamente compiuta, si sintetizzano dei frammenti di memoria trasfigurati in ricordi scintillanti.

Dire il mondo

Eppure il mondo resiste ai tentativi di metterlo in parole. Il mezzo poetico, certo, ne autorizza l'approccio più raffinato, ma allo stesso tempo anche il più labile. Più l'immagine e le sinestesie abbondano, meglio appare l'epicentro del reale, ma ancor più questo si mostra fragile, delicato, evanescente. La poesia si legge, si rilegge, si medita e giunge al cielo, chiamando continuamente la riattivazione della lettura. L'Equatore o l'Asia di Michaux invitano alla meditazione, all'apprendimento lento, al tempo ludico, e allo stesso modo il Messico di Antonin Artaud. Poeti, certo, ma geografi sicuramente no. Perché le due discipline si ignorano da sempre. Erodoto e Strabone da una parte, Pindaro e Teognide dall'altra, non c'è punto di contatto tra i due universi.

Complessivamente, i filosofi trascurano la geografia. La storia permette loro di pensare la politica, ma la scrittura della terra, secondo l'etimologia greca, non incontra alcun favore e nell'immediato sembra apparentemente inutile. Eppure i due mondi possono comunicare, e poi dar vita a una poetica di tipo presocratico o bachelardiano: per fare questo, è sufficiente appellarsi a una retorica degli elementi, a una metafisica della terra e del fuoco, a un'ontologia dell'aria e del cielo, a una logica delle materie e dei flussi, in una sola parola, a un'estetica. L'etimologia evidenzia la parentela tra la parola e la facoltà di sentire o percepire il sensibile. Una poetica della geografia genera un'estetica materialista e dinamica, una filosofia delle forze e dei flussi, delle forme e dei movimenti.

Senza dubbio vengono in mente Deleuze e il suo trattato di nomadologia, i piani molteplici, le macchine astratte e la deterritorializzazione, gli strati e i piani di consistenza, le linee segmentate e i flussi a quanta, i punti, i divenire e i blocchi, i paesaggi melodici e gli sviluppi sul concetto di natale, il liscio e lo striato. In *Mille piani* troviamo una molteplicità di considerazioni utili ai geografi per elaborare un discorso moderno e concettualmente solido. Mi sembra di trovare alcune reminiscenze del lavoro deleuziano nella geografia corematica apparsa negli anni Ottanta. Quest'ultima, durante il viaggio, permette di vedere meglio i paesaggi, cogliere meglio l'evento nelle pieghe della terra, sulla crosta terrestre, sulla superficie delle geologie.

Guardando attraverso gli oblò degli aerei, amo vedere la geografia incarnata, comprendere dei movimenti che, d'improvviso, diventano intelligibili grazie ai coremi di Roger Brunet. Città, grappoli di villaggi, strade nei monti, geologie fantastiche, la distribuzione della luce del giorno lungo le vallate, ombre sui versanti soleggiati, luci sui versanti in ombra, linee della ferrovia, segmentazioni dei campi, amo gli spazi gialli della colza, quelli verdi del grano non ancora maturo, quelli violetti o malva della lavanda, amo vedere le rive frastagliate, le coste del litorale, le correnti e i giochi di colore del mare, le reti idrografiche, laghi, fiumi, stagni, paludi trasformate dal sole in specchi violenti, amo veder passare le automobili, piccole tracce lente sulle strade, veder filare i treni, lunghi serpenti ondeggianti, veder scivolare le chiatte, pesanti e lente, o veder camminare gli uomini, futili ed essenziali.

Vista dal cielo, tutta questa diversità si risolve in un'arte sapiente di combinatorie che rivelano un'autentica decifrazione del mondo, un'autentica lettura del reale geografico. Che cos'è dunque la geografia corematica? I coremi sono un alfabeto di segni in grado di spiegare tutte le organizzazioni spaziali che possono essere lette nei paesaggi. Attraverso il proprio oblò, l'osservatore indolente, chino sulla terra, può, grazie all'aiuto di queste categorie della ragion pura geografica, leggere, decifrare, comprendere, operare in maniera intelligente con la propria visione. Dal reale sensibile alle categorie intelligibili, il viaggiatore effettua lui stesso la riduzione, o per dirla in termini plotiniani, attiva la processione.

Da qui deriva un vero godimento per l'intelligenza del viaggiatore e dell'osservatore, se siamo in grado di ricordare che la parola procede dall'arte di mettere in prospettiva dei momenti che, a priori, sembrano non intrattenere alcuna relazione. Una foresta e un'area, una strada e una linea, un villaggio e un punto, un paesaggio e una rete. Perché punto, linea, area e rete forniscono le quattro parole chiave, da mettere in prospettiva su sette colonne che indicano le strutture elementari dello spazio: struttura reticolare, quadrettatura, forza di gravità, contatto, tropismo, dinamica territoriale e gerarchia. Con l'aiuto dei quattro punti di riferimento in ascissa e dei sette in ordinata otteniamo ventotto figure cardinali la cui concatenazione permette di decifrare la terra.

Nel rumore dell'aereo che volteggia a mille metri d'altezza, possiamo allora divertirci a cercare, e poi a trovare, delle zone di contatto, delle aree semiurbane, delle reti a maglie, possiamo vedere all'opera delle asimmetrie, localizzare dei grafici, constatare dei collegamenti preferenziali, segnare delle rotture, distinguere delle interfacce, seguire delle linee di divisione, scoprire dei nodi di reti, degli assi di propagazione o aree di estensione, dei punti attratti e delle superfici di tendenza. La diversità del reale concreto si semplifica grazie alla griglia di lettura utile alla decodificazione di ciò che lavora minuziosamente il paesaggio e travaglia la natura.

Una volta ritornati sulla terra, al suolo, abitiamo queste figure diventate altre in seguito alla sorpresa della loro coerenza dal cielo. Ci disponiamo in modo differente in un posto in precedenza avvistato dall'aereo, inglobato: secondo la bella parola che ben riduce questa operazione intellettuale all'acquisto del senso all'interno di un globo, di una sfera perfetta come una monade leibniziana. Attraversare dei campi di forza, passare la linea invisibile di un interfaccia continentale, penetrare un arco, trovarsi addirittura in presenza di una banana blu,[3] di geoni o di unità tassonomiche, ecco materia su

[3] *Banana blu* è un termine usato per indicare una dorsale economica e demografica dell'Europa occidentale. Il nome si ispira alla forma curvata di questa dorsale e al colore dominante della bandiera dell'Unione europea. Questa dorsale, conosciuta anche con il nome di *megalopoli europea*, si estende dal Sud dell'Inghilterra fino alla pianura Padana (*N.d.T.*).

cui pensare, meditare, sognare. Questa tavola di Mendeleev della geografia si declina sotto forma di grammatica e sintassi che producono uno stile di lettura, una poetica generalizzata del viaggio.

Chiaramente, gli esperti oppongono resistenza di fronte a questo nuovo metodo, troppo poetico e troppo filosofico, troppo impreciso e troppo concettuale, troppo Strabone e Pindaro contemporaneamente. Se per puro caso volessimo sollevare qualche obiezione, sarebbe meglio indirizzarla al perfezionamento della griglia piuttosto che a cercare di invalidare per intero il modello. Si dice che i coremi servano a dare un nome al lavoro che la geografia classica produce a monte. E con ciò? Dare un nome significa creare, far accadere, significa sintetizzare, dare un ordine, rendere possibile un rigore intellettuale che la geografia chiede troppo spesso ai matematici (ai quali si può far dire tutto), significa filosofare in qualità di demiurgo.

Non posso impedirmi, da quando ho incontrato la geografia corematica, di constatare il funzionamento del mio occhio, più curioso, più accorto e più solleticato di fronte ai paesaggi. E dunque di viaggiare in modo differente. I blocchi continentali, i flussi marittimi e quelli aerei, le situazioni spaziali di porti e aeroporti, le strade e le autostrade, certo, ma anche i sentieri di campagna e i sentieri boschivi dei miei primi anni trascorsi in Normandia, i fiumi immensi dei miei viaggi transatlantici, ma anche il fiume del mio villaggio natale, le foreste del continente sudamericano, ma ugualmente i boschi, le abetaie della mia infanzia, le vegetazioni stravaganti della Russia, i deserti africani, le piccole isole che costellano l'arcipelago danese, ma allo stesso modo il tipico paesaggio rurale della regione del Pays d'Auge, la piana dell'Argentan, la nascita del massiccio armoricano, i miei paesaggi fondanti.

Dappertutto intorno al pianeta si possono leggere e vedere, quando apprendiamo a leggerli e a vederli, punti di localizzazione, linee di collegamento, flussi che generano disequilibri, passaggi aperti e chiusi, crescite e decrescite, attrazioni e repulsioni, aureole e fasce, nodi di reti e aree di drenaggio. Queste forme pure si dissimulano in incarnazioni complesse, in figure sensibili e concrete. Più di un'altra, la geografia corematica aiuta a rintracciare questi contorni, altrimenti condannati a rimanere nascosti, camuffati, intricati. Fornisce i mezzi intellettuali di una comprensione globale e particolare, universale e singolare. Quando queste categorie sintetiche danzano sotto gli occhi del viaggiatore, il lavoro poetico diventa possibile. È quello della fantasticheria e della meditazione, del sentimento e della sensazione. Una poetica della geografia presuppone quest'arte di lasciarsi impregnare dal paesaggio, e poi una volontà di comprenderlo, di vederne le concatenazioni, prima di partire alla volta delle contrade ludiche, lì dove il poeta segue il geografo e il filosofo, come complemento e non come nemico. Allora ci avviciniamo all'estetica del Diverso concepita un tempo da Segalen, ansioso di immemorabili tracce poetiche.

CODA

Progettare un seguito

È sufficiente sapersi nomadi una sola volta per avere la certezza che si ripartirà, che l'ultimo viaggio non sarà affatto l'ultimo. Salvo nel caso in cui la morte, per coglierci, approfitti di un tragitto... La passione del viaggio non abbandona il corpo di chi ha sperimentato i veleni violenti dello spaesamento, del corpo dilatato, della solitudine esistenziale, della metafisica dell'alterità, dell'estetica incarnata. Almeno così immagino. Tranne, forse, quando la carne non risponde più, quando la fiamma vacilla e si assottiglia all'approssimarsi di una morte annunciata. Mi affascina la vitalità dei grandi viaggiatori. Il male fulminante o la fine brutale possono impedire il calo regolare di energia e l'entropia generalizzata. La fine misteriosa di Segalen, esangue ai piedi di un albero, nei boschi di Huelgoat, con un libro di Shakespeare in mano, mi sembra emblematica: non morire sotto un tetto, ma fuori, sotto il cielo o sotto le stelle, vivo.

La ricerca di sé termina nel momento dell'ultimo respiro. Fin sull'orlo della fossa, si tratta di desiderare ancora e sempre la forza, la vita, il movimento. Il mondo rigurgita di vulcani sui quali inerpicarsi, di rive da meditare, di fiumi da discendere, di strade da imboccare, di treni e di aerei da prendere, offre senza interruzione albe, aurore e crepuscoli, piogge e soli incandescenti, deserti e montagne, foreste e campagne, offre aurore boreali e pareli, arcobaleni e trombe d'aria, nuvole, queste meravigliose nuvole, climi e incanti, invita a oltrepassare tropici, a cavalcare l'Equatore, ad andare al di là del Circolo polare, a bagnarsi nell'Oceano Indiano, a visitare le piramidi, la Muraglia cinese o i templi inca. La molteplicità dei paesaggi si oppone all'unicità delle città, il diverso scompare dalle megalopoli, ma non abbandonerà mai le risaie asiatiche, la baia di Ha Long, la tundra siberiana, la foresta amazzonica, il deserto sahariano, i paesaggi europei, le rive del Mediterraneo.

In modo compulsivo, alcuni ritornano nei posti già visitati, ritrovando abitudini da sedentari nel cuore stesso dell'esperienza nomade: andare cinquanta volte in Vietnam, cento volte in Giappone, ritornare sempre sugli stessi luoghi, che strana idea! Questi compulsivi mi fanno pensare ai preti che leggono per tutta la propria vita lo stesso messale, ignorando la ricchezza e la varietà delle biblioteche. Il valore della geografia del pianeta sta prima di tutto nella diversità, nella differenza, nella molteplicità. Fa esultare la passione per il nuovo, per l'inedito, per la novità stravagante. Rivedere qui impedisce di vedere altrove, sostare ripetutamente, perfino agli antipodi, interrompe la corrente delle possibilità nomadi e degli effetti violenti del viaggio sul corpo e sull'anima. Si rischia di stabilire la sedentarietà nel cuore stesso del principio nomade.

Viaggiare per penetrare il mistero e i segreti di una civiltà conduce a incorrere in dei malintesi. L'illusione razionalista e intellettualistica presiede a quest'idea, falsa, che si possa lavorare in profondità. Lo spirito del geografo non si confonde con quello del geologo, minatore di profondità e scavatore di faglie. L'uno percorre il pianeta e gioisce del movimento sulla circonferenza del mappamondo, l'altro si ferma e scava la sua buca, sterra una tana per seppellirvi la propria energia e la propria curiosità. L'afferrare il Diverso contraddice la scommessa sullo Stesso, ma in compenso trova la propria iniziazione nella volontà di moltiplicare l'Altro. L'exote di Segalen esige il Diverso, lo sollecita fino allo sfinimento, corrisponde al personaggio concettuale (secondo Deleuze, la figura filosofica necessaria) che ha il compito di esprimere la pulsione nomade e il gusto della novità.

Progettare un seguito presuppone dunque più l'innovazione che la ripetizione. Le occasioni per partire possono essere casuali: aprire un atlante, chiudere gli occhi, puntare un paese, decidersi per una regione imprevista, riporre fiducia, quando abbiamo questa possibilità, negli inviti offerti per solcare il pianeta, acconsentire ai sogni d'infanzia, cedere al desiderio dell'altrove di una persona cara, partire sulle tracce di un poeta, di un filosofo o di un artista amato, alla ricerca di una geografia sentimentale incarnata, andare a caccia di una poetica della geografia, secondo lo spirito di Bachelard che parla di una poetica dello spazio e del diritto a sognare. Secondo la lezione del filosofo borgognone, la prosa del mondo si può decifrare alla maniera dell'acqua, della terra, del fuoco, delle nuvole, dei sogni, delle fantasticherie, di un fienile, di una casa, di una conchiglia, della fiamma di una candela o di un fuoco. O di una poesia. Perché la poesia del mondo richiede senza tregua proposte di decodificazione.

Indice

Finito di stampare
nel mese di marzo 2010
per conto della Adriano Salani Editore S.p.A.
dalla Mondadori Printing S.p.A.
Stabilimento N.S.M. – Cles (TN)
Printed in Italy